Eine kulinarische

Entdeckungsreise

durch Sachsen

Hanne Bahra • Angela Liebich

Eine kulinarische
Entdeckungsreise
durch Sachsen

UMSCHAU :

INHALT

INHALT

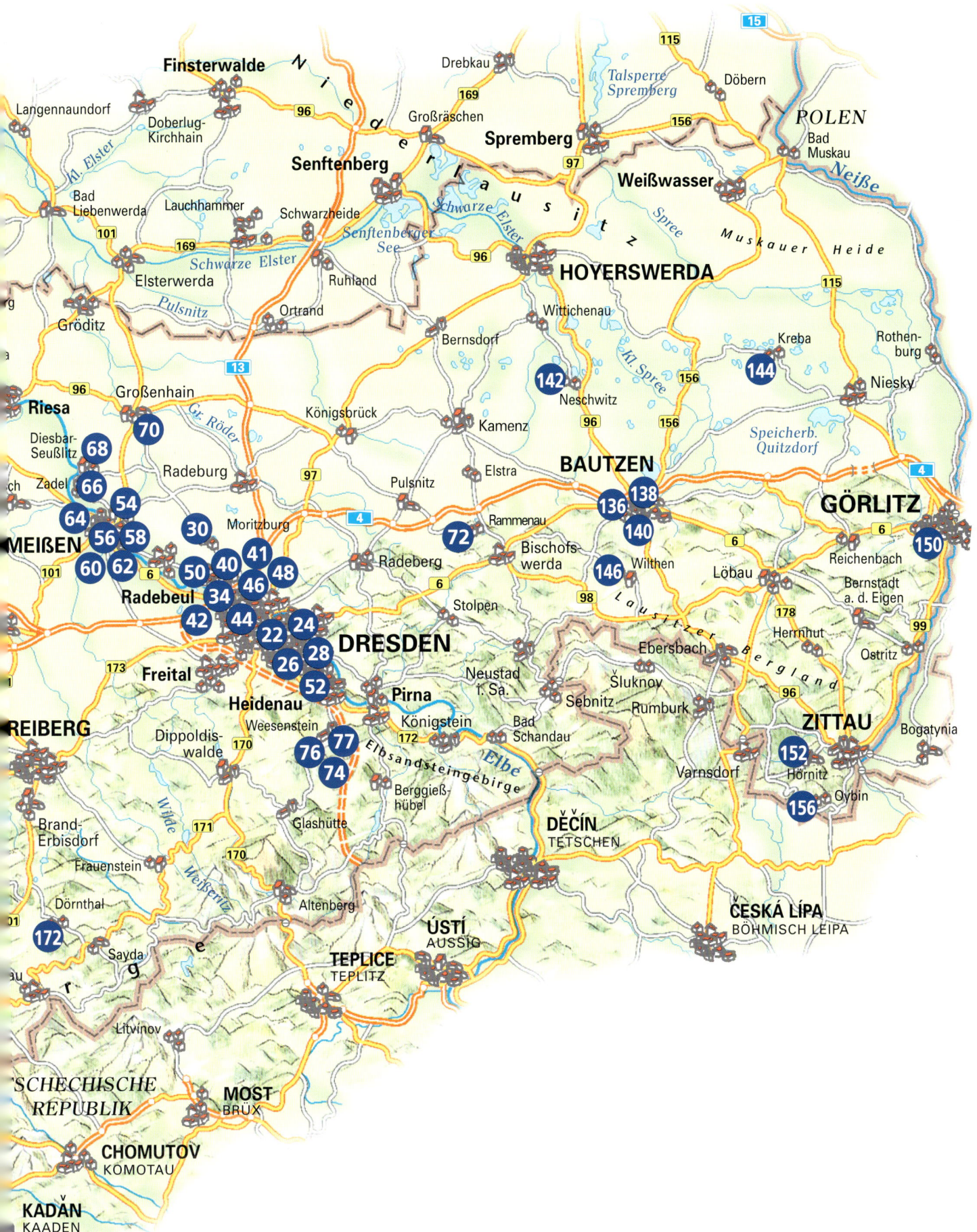

Die Zahlen in der Karte sind identisch mit den Seitenzahlen der einzelnen Betriebe in diesem Buch und bezeichnen ihre Lage in Sachsen.

Als wir im Herbst nach der Flut zur kulinarischen Reise nach Sachsen aufbrachen, plagten uns Zweifel. Haben die Menschen dort jetzt nicht ganz andere Sorgen? Während viele zwischen den Trümmern ihrer Träume saßen, sollten wir über die Schokoladenseite des Lebens schreiben, über Dresdner Stollen, über Wickelklöße, Karpfen blau und Fasanenbrust? Doch als wir nach Dresden, Pirna, Weesenstein, Meißen, Grimma und in viele andere Orte im einstigen Zentrum der Katastrophe kamen, schien man schon auf uns gewartet zu haben. Spruchbänder an den Fassaden der Gasthäuser ermunterten zur Einkehr. „Wir machen weiter. Jetzt erst recht. Dank allen Helfern!", stand da geschrieben. Es scheint in der Natur der Sachsen zu liegen, sich nicht so leicht von Schicksalsschlägen entmutigen zu lassen. Oft mussten sie wieder von vorn anfangen: nach dem Dreißigjährigen Krieg, nach dem Nordischen Krieg, nach den drei Schlesischen Kriegen, nach dem letzten Krieg.

Nach der Flut – das ist die neue Zeitrechnung. Gras wächst über Narben, die Rosenstöcke blühen wieder im Schlosspark von Weesenstein und der Braumeister stellt im Biergarten die Sonnenschirme auf. Nun müssen nur noch die Gäste wiederkommen. Wir jedenfalls wanderten fröhlich über die Rebhänge der Sächsischen Weinstraße und saßen auf mancher Elbterrasse beim Sachsenwein. Wir tafelten in Landschlössern und Stadtpalais; schwelgten in lukullischen Tempeln der sächsischen Metropolen und saßen in alten Dorfschänken bei geselligem Plausch.

Die Oberlausitz bereitete uns ein „Schlesisches Himmelreich". Vielerorts servierten Sachsens Köche Gerichte, die, wie schon die Speisen der sächsischen Hofküche des 18. und 19. Jahrhunderts, gekonnte Kompositionen aus Volksküche und feiner Kochkunst sind. Doch ist Sachsens Küche keine einheitliche Küche, die traditionellen Nahrungs-

landschaften verbindet vor allem die Liebe zum Süßen, zu Eierschecke, Quarkkeulchen und Honig-Pfannkuchen. Darauf noch ein „Scheelchen Heeßen", wie der Sachse sein Lieblingsgetränk, den Kaffee nennt. Wir tranken ihn mit Schuss, mit Sahne, mit Schokolade – wie auch immer, aber immer auf das Wohl der tapferen, gastfreundlichen Sachsen.

Hanne Bahra und Angela Liebich

Die Dresdner und die Leipziger, die Menschen aus dem Vogtland, aus dem Erzgebirge und aus der Oberlausitz – die Sachsen eben – können ihr Land den Gästen ganz schön schmackhaft machen. Dabei besitzen die Weltbürger mit dem Hang zur Gemütlichkeit das Talent, Genuss und Genügsamkeit gut unter einen Deckel zu bringen. Größtes Vorbild ihrer genusssüchtigen Seite war August der Starke. Der lebenslustige Sachsenkönig, der auf Brautschau nach Frankreich ging und dabei eher seine Liebe zur kulinarischen Welt der Franzosen entdeckte, galt als Gourmet und Gourmand zugleich. Sein Appetit war fürstlich, sein Leib bald von wahrhaft barocker Dimension. Poularden in Weißwein, Kapaune und Wildbret dominierten auf dem majestätischen Speiseplan. Das Fleisch für das Volk kam meist aus dem Pökelfass. Schweinsfüße süß-sauer waren schon ein reichhaltiges bürgerliches Gericht, den kleinen Leuten blieben zumeist Kohl, Kraut und Kartoffeln. Letztere, lange am sächsischen Hofe verpönt, hielten bereits um 1650 im Vogtland Einzug. Die sogenannten Schälerkartoffeln gibt es noch heute in Vogtländer Wirtshäusern zu Leinöl und Quark. Wer es richtig deftig mag, sollte „Spalken", einen Kartoffeleintopf mit Kräutern und Speck probieren. Im Gegensatz zur Oberlausitzer Abernsuppe, einer Kartoffelsuppe von ebenso breiiger Konsistenz wie die Teichlmauke, ein Kartoffelbrei umplätschert von Rindfleischbrühe, haben die Vogtländer „Spalken" (Kartoffelstücken) richtig Biss. Mit einem ordentlichen Schwaps Soße zum „Ditschen" serviert man die „Griegeniffte" oder auch „Griene Kließ" genannt. Unbedingt gehören diese Klöße

zum „Neunerlei", dem traditionellen erzgebirgischen Weihnachtsessen. Sie gelten als Garantie für den großen Reichtum, Hülsenfrüchte als Symbol für das nötige Kleingeld; Rote Beete, Sellerie und wahrscheinlich auch der Kaninchenbraten stehen für Manneskraft. Die Pilze bringen Glück und mit „Millich", Nüsse und Weizenbrot eingebrockt in kalte Milch, wird schließlich der Familiensinn beschworen. Im Erzgebirge verzehrt man die Kartoffel auch gern als Ardäppelsupp, Ardäppelkuchen und Buttermilchgetzen, rohe geriebene Kartoffeln mit etwas Buttermilch

gebacken in Leinöl. Die Vogtländer Bambes sind eine Art Kartoffelpuffer und ähneln den erzgebirgischen Glitschern.
Ob gekocht, gebraten, gestampft oder gerieben – ganz Sachsen hat die Kartoffel zum Fressen gern, mehr noch aber liebt es das Süße. Schon August der Starke, das königliche Schleckermaul, naschte gern vom Dresdner Stollen. Leipziger Lerchen, Pulsnitzer Lebkuchen, Kleckselkuchen, Bäbe, Eierschecke - Sachsen ist die Backstube der Nation. In Meißen nimmt der Bäcker „'nen Batzen Luft, bläst bissel Teig drum rum, schon zieht der Fummel würz'ger Duft ins liebe Publikum". In so einen Meißner Fummel, ein süßer Luftikus von der Größe eines Zwei-Pfund-Brotes aus hauchdünnem

knusprigen Teig, muss man einfach reinbeißen. Zum „Sießen" berauschen sich die Sachsen gern mit „ä Scheelchen Heeßen". Der Erlass der ersten deutschen Kaffeehausordnung durch den Leipziger Rat im Jahr 1697 war für Sachsen, wo Komponisten wie Telemann und Bach Deutschlands erste Kaffeehausmusiker wurden, fast ebenso bedeutsam wie die Erfindung des Meissner Porzellans. Ab 1690 wurden die braunen Bohnen regelmäßig importiert. Im wenig später vom „Hofchocoladier" Lehmann begründeten Lokal „Zum arabischen Cofe Baum" trank man erstmals öffentlich das exotische Getränk. Die Coffeemanie war ausgebrochen. „Saufen wir uns gleich zu Tode, geschieht`s doch nach der Mode",

dichtete 1707 ein Kaffee-Kritiker. „Ey! Wie schmeckt der Coffee süße...", tönte es hingegen in Leipzig mit Johann Sebastians Bachs Kaffee-Kantate. „Ohne Gaffee gönn mer nich gämpfn!" verweigerten sich die sächsischen Soldaten im Siebenjährigen Krieg und wurden vom Preußenkönig als „Kaffeesachsen" verhöhnt. Das stört den „gemietlichen" Sachsen wenig, mit einem Kaffee- und Kuchengelage überlebt er jede Niederlage. Vorbei ist allerdings die Zeit des dünnen „Bliemchenkaffees", durch den man das Blumendekor auf dem Grund der Tasse sehen konnte. Stark muss er heute sein. Und bitte: scheene sieße. Dem guten Ruf der sächsischen Kaffeehäuser stehen die Weinstuben mit feinen Tropfen aus den

Weinbergen der „Sächsischen Riviera" in nichts nach. Und was dem Kölner sein Kölsch, ist dem Leipziger seine Gose. Auch trinkt er zu Leipziger Allerlei, Oberlausitzer Spiegelkarpfen, Moritzburger Wild, Schwammerlnsuppen, Stupperche und Kuhhosenbrotn (erzgebirgischer Kaninchenbraten) gerne Radeberger und Wernersgrüner Pils. Das Sachsenland ist „Deutschland en miniature" schrieb Anfang des 19. Jahrhunderts der Philosoph Karl Julius Weber. So vielfältig wie die Landschaft, der Reisende findet schroffe Felsen, Weinhänge, Flussauen und stille Seen, ist auch die säch-

sische Küche, ein köstlich-bürgerliches Schmäckerchen, Kind einer glücklichen höfisch-volkstümlichen Liaison.

Dresden war eine wunderbare Stadt voller Kunst und Geschichte...Die Vergangenheit und die Gegenwart lebten miteinander im Einklang. Eigentlich müsste es heißen im Zweiklang. Und mit der Landschaft zusammen, mit der Elbe, den Brücken, den Hügelhängen, den Wäldern und mit den Gebirgen am Horizont, ergab sich sogar ein Dreiklang. Geschichte, Kunst und Natur schwebten über Stadt und Tal...wie ein von seiner eigenen Harmonie bezauberter Akkord..." schrieb der am 23. Februar 1899 in Dresden geborene Erich Kästner. In seinen Kindheitserinnerungen fügte er hinzu: „Wenn es zutreffen sollte, dass ich nicht nur weiß, was schlimm und hässlich ist, sondern auch was schön ist, so verdanke ich diese Gabe dem Glück, in Dresden aufgewachsen zu sein". Prophetische Worte. Das Stadtbild, das Erich Kästner beschreibt, zerstörte der Zweite Weltkrieg in schrecklichem Maße. Doch scheint es in der Natur der Dresdner zu liegen, sich nicht von Schicksalsschlägen unterkriegen zu lassen,

weder von den menschengemachten noch von den Katastrophen der Natur. Die barocke Frauenkirche, fünf Jahrzehnte lang Denkmal für die Zerstörung Dresdens, wird wieder aufgebaut. Auch vom Hochwasser hat sich die Stadt weitgehend erholt. Das im August 2002 von einer fast zwei Meter hohen Welle geflutete Schlosshotel Dresden-Pillnitz, eines der traditionsreichsten Gasthäuser Sachsens, das schon Schänke unter August den Starken war, erwartet wieder Gäste.

Nach wie vor der Flut ist Dresden beliebtes Ziel für Feinschmecker und Kneipenbummler. Zwischen dem Nobel-Restaurant "Caroussel" im barocken Stadtpalais und dem Szeneviertel in der Äußeren Neustadt liegen nur wenige Schritte. Über den Albert-Platz, vorbei an Erich-Kästner-Museum und „Nudelturm" gelangt man in die „Bunte Republik Neustadt". Nirgendwo sonst in der Stadt findet man so viele Kneipen. Sie wollen griechisch, türkisch, italienisch, französisch, thailändisch oder indisch essen? Kein Problem. Es gibt auch russische Küche. Mit Borschtsch und

Filetstreifen „Stroganoff" wartet das „Raskolnikoff" auf. Mitte der 1980er Jahre war das Haus weitgehend leergezogen und stand mit der halben Neustadt dem Abriss ganz nah. Schon damals vor allem von Künstlern und Intellektuellen bewohnt, avanciert das

Gründerzeitviertel seit der Wende zum aufregendsten Ausgeh- und Szeneviertel der Stadt. Kunst und Kulinaria gehören hier einfach zusammen. Sie beseelen auch die bunt gestalteten Gründerzeithöfe der „Kunsthofpassage" zwischen Görlitzer- und Alaunenstraße. Drachen, Schlangen und Vögel aus tausend Fliesenscherben beflügeln die Fantasie. Mittendrin „El Perro Borracho", der durstige Hund, kein Fabelwesen, aber ein fabelhaftes Lokal, eine der besten spanischen Adressen in Dresden. Etwas vom Geist des alten Dresden wird lebendig, wenn man in der Adventszeit den Altmarkt betritt. Mit Rausche-goldengel, Weihnachtspyramiden und einem Riesenstollen ist der Striezelmarkt, Deutschlands ältes-ter Weihnachtsmarkt, eine wahre Augen- und Gaumenfreude. Dres-den ist eben noch immer eine wun-derbare Stadt.

PATTIS

beim Dresdner Bürgertum. Mario Pattis wurde sein Bruder im Geiste. Dabei erreicht der junge Starkoch aus den Reihen der „Association des Jeunes Restaurateurs d`Europe" eine Weltläufigkeit, die er nicht nur in seinen kulinarischen Stippvisiten in der badischen Feinschmeckerszene und im Züricher Schlemmerlokal Petermann`s Kunststuben verdankt - so etwas ist angeboren. Seine Eltern, Monika und Frank Pattis, hatten schon in den 80er Jahren den Mut, ein Feinschmeckerrestaurant in Dresden zu eröffnen, in dem bald auch Sohn Mario den Kochlöffel schwenkte. Der Erfolg blieb ihnen treu. 1994 vergab der Guide Michelin seinen

PATTIS ROMANTIK HOTEL & RESTAURANT

MERBITZER STRASSE
01157 DRESDEN

TELEFON   03 51 – 4 25 50
TELEFAX   03 51 – 4 25 52 55

GEÖFFNET:
GOURMETRESTAURANT DIENSTAG BIS SAMSTAG 18-24 UHR, RUHETAG MONTAG. „VITALIS" TÄGLICH 11-23 UHR

Mario Pattis zaubert die Pracht und Vielfalt der sächsischen Hofküche auf weiße Meißener Porzellanteller. Ein Fest für Augen und Gaumen.
Virtuos interpretiert er Gerichte aus der Menüsammlung des Freiherren von Saar für die heutige Zeit. Dabei ist der frankophile Einfluss schon beim Vorspiel spürbar. Zwei Kochmützen von Gault Millau auch für sein Carpaccio von der Wachtel mit Trüffeln und gebackenem Kalbskopf auf Ackerschotensalat. „Eine pompöse Mesalliance". Typisch sächsisch essen, heißt für Mario Pattis, speisen wie am Dresdner Hof. „August der Starke wurde einst zur Brautschau nach Frankreich geschickt, statt mit einer Frau kam er mit einem Faible für die französische Esskultur zurück", erzählt Mario Pattis. Später reformierte der Sächsische Hofkoch Friedrich Baumann die französische höfische Küche mit heimischen Produkten und hatte damit großen Erfolg

ersten Stern in den neuen Bundesländern an Mario Pattis. Inzwischen ist die Familie in den grünen Dresdener Ortsteil Briesnitz gezogen. Schon 1870 wurde die alte Weltemühle zu einem beliebten Ausfluglokal umgebaut. Jetzt machten die Pattis daraus ein romantisches Hotel mit 47 komfortablen, geräumigen Zimmern und Suiten, einem großen Garten, einem bestens ausgestatteten Wellnessbereich und zwei Restaurants. Im „Vitalis" wird die leichte, frische Küche etwas weniger aufwendig als im Gourmetstübchen serviert. Der jüngere Sohn, Michael Pattis, leitet den Service des Hauses.

SALAT VON WILDKRÄUTERN MIT GEBACKENEM EI UND SAUTIERTEN JACOBSMUSCHELN IM SAUERAMPFERSCHAUM

Zutaten für 4 Personen

4 Eier, 40 ml Weißweinessig,
80 g Mie de pain,
8 Jacobsmuscheln, 20 ml Olivenöl

Für den Sauerampferschaum

200 g Sauerampfer, 80 g Spinat,
60 g Schalotten,
50 ml Weißwein,
1/4 Knoblauchzehe,
120 ml Kalbsfond,
50 ml Crème fraîche, 80 ml Sahne,
80 g Butter

Für den Kräutersalat

10 g Sauerampfer, 10 g Sauerklee,
10 g Ölrauke, 5 g Pipernell,
8 g Borretschblüten, 8 Zweige Kerbel,
2 g Französischkraut

Für die Marinade

2 cl Sherryessig, 2 cl Sherry,
1 EL Limonenöl,
3 EL Olivenöl, Saft einer halben Limone,
Salz, Zucker, Pfeffer

Zubereitung

Die Eier im Essigwasser weich pochieren, dann im Mie de pain wälzen und im Olivenöl kurz ausbacken. Die ausgebrochenen und geputzten Jacobsmuscheln im Olivenöl mit Thymian braten und sofort auf dem gehackten Ei anrichten. Darauf den Kräutersalat verteilen und den Sauerampferschaum einlassen.

Für den Sauerampferschaum ca. 60 g Butter auslassen. Darin Schalotten mit der kleingehackten Knoblauchzehe glasig dünsten. Sauerampfer und Spinat zugeben, mit Weißwein ablöschen und Kalbsfond auffüllen. Das Ganze pürieren und durch ein Sieb geben. Die Sahne und die Crème fraîche zugeben und abschmecken. Die restliche Butter zugeben und den Sauerampferfond mit einem Stabmixer aufschäumen.

Für die Marinade die Zutaten verrühren und die vermischten Kräuter (ohne Borretschblüten) damit marinieren und sofort anrichten. Zum Schluss mit Borretschblüten dekorieren.

CAROUSSEL

poesievollen Schöpfungen brillieren, lassen bestes handwerkliches Können und äußerst kritische Auswahl der Produkte erkennen. Allein die Suppen sind zum Dahinschmelzen – Gemüserahmsuppe wird mit Trüffeln, Curry/Zitronengras-Suppe mit gebratener Jacobsmuschel, Essenz von der Taube mit Steinpilzravioli und Gänsestopfleber zur glücklichen Verbindung." Im Vergleich zur klassischen französischen Küche zieht er leichte, besonders mit Kräutern aromatisierte Soßen den buttrigen der Haute Cuisine vor. Bevor Stefan Hermann nach Dresden kam, ging er in seinem Geburtsort Höfingen bei Franz Feckl, einem der besten Köche Deutschlands, in die Lehre. In den folgenden sieben Jahren kochte er u.a. bei Harald Wohlfahrt in Baiersbronn und im „Regent Hotel" in London. Stefan Hermann wollte schon als Kind Koch werden – und er wurde Koch. Welch ein Glück für Elbflorenz. Die Residenzstadt bietet seinen Künsten dafür auch einen wunderschönen Rahmen. Das restaurierte Stadtpalais von 1730 ist eines der letzten erhaltenen barocken Herrenhäuser Sachsens. Die 30 Hotelzimmer sind luxuriös ausgestattet.

CAROUSSEL
RELAIS & CHÂTEAUX HOTEL
BÜLOW RESIDENZ

RÄHNITZGASSE 19
01097 DRESDEN

TELEFON 03 51 – 8 00 30
TELEFAX 03 51 – 8 00 31 00

GEÖFFNET: TÄGLICH 12-14 UND AB
18 UHR.

Manager kochen für ihre Frauen? Was sich wie ein Witz anhört, wird im „Caroussel" Wirklichkeit. Man muss schon ein Star auf der gastronomischen Bühne sein, um Märchen wahr werden zu lassen. Die Kochkurse bei Stefan Hermann, Ostdeutschlands Spitzenkoch, sind ausgebucht. 1997 kam der junge Schwabe nach Sachsen, bereits ein halbes Jahr später schmückte ihn Michelin mit einem Stern. Über ihm strahlen Vivre-Sonnen, drei Kochmützen sind dem Gault Millau seine klassische französische Küche mit mediterranen, gelegentlich auch asiatischen Einflüssen wert: „Seine

WARME PASTETE MIT REHKITZRÜCKEN

Zutaten für 4 Personen

Pasteten

480 g Mehl, 6 g Salz, 2 Eigelb, 80 g Butter
500 g Rehkitzrücken, Salz, Pfeffer,
50 g Gänseleber, 4 Wirsingblätter,
40 g Trüffel (dünne Scheiben),
1 Eigelb, 1 El Sahne

Farce

1 Poulardenbrust, 100 ml Sahne, 100 g
Champignons, 1 Schalotte, 20 g Butter,
100 g Trompetenpilze, 1 El Kerbel, fein
geschnitten, Salz, Pfeffer

Wacholderrahmsoße

Abschnitte vom Rehkitzrücken
1 El Butter, 1 Schalotte, 1 Karotte,
50 g Staudensellerie, 1 Lorbeerblatt,
1 Thymianzweig, 1 Rosmarinzweig,
8 Wacholderbeeren, 20 ml trockener Sherry,
500 ml Sahne, 2 cl Wacholderschnaps, Salz,
Pfeffer, 20g Butter,
1 El geschlagene Sahne

Himmlisch bequeme Betten. Moderne
Technik in eleganten Konferenzräumen.
Gute Stimmung in der gemütlichen
Kellerbar. Im Gourmetrestaurant – eine gute
Stube in warmen Rottönen und mit Leuch-
tern aus Dresdner Porzellan – wird einmal
im Jahr auf altem Meißener Porzellan ser-
viert, unersetzliche Unikate vom Königshof.
So gesellt sich zum märchenhaften Gau-
men ein leichter Nervenkitzel.

Zubereitung

Mehl, Salz, Eigelb und Butter zu
einem Teig kneten, 2 St. ruhen lassen.
Knochen und Sehnen aus Rehkitzrücken entfernen, für die Soße aufhe-
ben. Fleisch in 4 Scheiben schneiden,
zwischen Klarsichtfolie leicht klopfen,
mit Salz und Pfeffer würzen.
Gänseleber in 4 Scheiben schneiden.
Für die Farce Fleisch pürieren, nach
und nach Sahne zugeben und durch
ein Haarsieb streichen. Fein gewürfelte Champignons und _ fein gehackte
Schalotte in 10 g Butter andünsten.
Pilze mit jeweils _ El Kerbel vermischen, mit Salz und Pfeffer abschmecken, abkühlen lassen. Pilze unter die
Farce heben.
Teig ausrollen, 4 beschichtete
Förmchen damit auslegen, mit Alufolie
bedecken, mit getrockneten Linsen
beschweren und bei 200 °C backen,
auskühlen lassen.
Wirsingblätter blanchieren, die Förmchen damit auskleiden, Pasteten mit
Gänseleber-, Rehrücken und Trüffel-
scheiben füllen. Blätter darüber schlagen. Pasteten mit Teig bedecken.
Eigelb mit Sahne verquirlen, Teig
bestreichen. Pasteten 15 Min. bei
220 °C backen, 10 Min. ruhen lassen.
Für die Wacholderrahmsoße Reh-
rückenabschnitte im heißen Fett
anbraten, fein gewürfeltes Gemüse,
Kräuter, zerdrückte Wacholderbeeren
dazugeben, 15 Min. anrösten. Mit
Sherry ablöschen, einkochen. Mit
Rehfond und Sahne aufgießen,
köcheln, dann die Soße passieren, mit
Wacholderschnaps, Salz und Pfeffer
abschmecken. Butter einmixen und
die geschlagene Sahne unterrühren.

LUISENHOF

LUISENHOF

BERGBAHNSTRASSE 8
01324 DRESDEN

TELEFON   03 51 – 2 14 99 60
TELEFAX   03 51 – 2 14 99 77

GEÖFFNET: MONTAG BIS SAMSTAG
11-01 UHR, SONNTAG 10-24 UHR

auf ihre Stadt zu genießen. Das ganze Panorama Dresdens vor Augen bei Kaffee und Kuchen. Dass dies wieder möglich ist, verdankt die Stadt Armin Schumann. Der junge Rheinhesse, der seit 1999 als Chefkoch im „Luisenhof" gearbeitet hatte, gründete beherzt eine Ein-Mann-Gesellschaft und übernahm das Haus samt Belegschaft, seine Frau Anja, Betriebswirtin und Säch-

sische Weinkönigin 1997/98, steht ihm zur Seite. Der vielfach preisgekrönte Koch aber schwingt weiterhin den Kochlöffel. Sein Vorsatz: „Wir wollen nicht alles anders machen, nur vieles besser". Er senkte Preise und nahm auch gutbürgerliche Gerichte wie Sächsischen Sauerbraten und Schweinebraten in Schwarzbiersoße für weniger als 10 Euro mit auf die Karte. Dafür senkte er die Betriebskosten. So bezieht er seine Weine jetzt direkt vom Winzer. Erste Adres-

Für acht Wochen hielt Dresden den Atem an: Der „Luisenhof", die seit über hundert Jahren so geliebte Gaststätte auf dem Weißen Hirsch sollte geschlossen werden. Damit wäre eines der traditionsreichsten Gasthäuser der alten Residenzstadt verloren gewesen. Doch nun fahren die Dresdner wieder, wie Generationen schon vor ihnen, vergnügt mit der Standseilbahn, die ihren Betrieb ebenso wie das Restaurant schon im Jahr 1895 aufgenommen hatte, den Elbhang hinauf, um schließlich vom „Balkon Dresdens", die herrliche Aussicht

Gut essen und trinken gehören eben zusammen. Als klassisches Ausflugsrestaurant hält man hier für verschieden große Geldbeutel Genüsse bereit. Wer es sich leisten kann, sollte das rosa gebratene Lammrückenfilet (18,50 Euro) probieren. Das Repertoire des Küchenchefs Schumann reicht von der Sächsischen Kartoffelsuppe mit Wiener Würstchen bis zur Bouillabaisse mit Aioli, von Sächsischer Roulade bis zum Provencialischen Kaninchenschmortopf. Auch die Kunst der Patisserie wird hervorragend beherrscht. Eigentlich weiß man beim Eintritt in den Restaurantraum nicht, wohin man zuerst schauen möchte: Zum Kuchenbüfett voller Kuchen, Torten und Petits Fours oder durch die großen Fenster hinab auf Elbe und die Türme der Stadt.

se für ihn ist natürlich das elterliche Familienweingut im Rheinhessischen Schwabenheim. Doch kauft er auch beim Prinzen zur Lippe auf Schloss Proschwitz ein. Wein ist das Familienhobby, was eine quantitativ und qualitativ starke Weinkarte beweist.

SÄCHSISCHE WICKELKLÖSSE

Zutaten für 4 Personen

1,2 kg Kartoffeln
130 g Gries
190 g Mehl
1 Ei
150 g Zwiebelwürfel
150 g geräucherter gewürfelter Bauchspeck
1 Bund gehackte Petersilie
Salz
Muskat

Zubereitung

Kartoffeln schälen, kochen, abgießen, abdampfen und quetschen. Speck- und Zwiebelwürfel in einer Pfanne kross anbraten. Grieß, Mehl, Ei, Salz und Muskat unter die Kartoffeln heben und zu einem festen Teig verkneten. Den Teig auf eine Folie legen und mit einem Nudelholz 1 cm dick ausrollen. Anschließend den Speck-Zwiebelansatz und das gehackte Bund Petersilie auf den gesamten Teig geben und einrollen. Zum Schluss in die darunter liegende Folie wickeln und 45 Min. im Wasserbad dämpfen. Die Rouladen drei Tage in Sauerbratenmarinade einlegen und danach wie Roulade „bürgerlicher Art" zubereiten.

Brauhaus am Waldschlösschen

Flügel Platz. Verblüffend, wie dank geschickter Innenarchitektur und Ausstattung, solch ein Saal urgemütlich sein kann. Mit dunklem Holzpaneel und historischen Fotografien an den Wänden, mit Messinglämpchen und Kerzen auf den Tischen wirkt das Lokal, als hätte schon Großvater bierselig hier gesessen. Das heutige Publikum ist jung und alt, männlich und weiblich. Es liebt das von Braumeister Holger Stark exklusiv für den Hausgebrauch gebraute Waldschlösschenbier der Sorten Original Hell, Dunkel und Hefeweizen. Man ist gesellig und hört gern Musik, denn von Montag bis Samstag zwischen 20 und 24 Uhr rocken, jazzen oder spielen klassisch internationale Bar-Pianisten ihre Kunst durch den Raum. Last but not least schätzen alle ein deftiges Essen. 350 000 Schweinshaxen sind bereits in den ersten

Das Waldschlösschen ist viel mehr als ein Bierlokal. „Waldschlösschen ist das Losungswort! Dorthin zu Fuß und zu Pferde wälzt, von der Mücke bis zum Lord, sich Dresdens halbe Herde", hieß es schon 1838 bei der Eröffnung der damaligen „Societätsbrauerei zum Waldschlösschen", der ältesten Aktienbrauerei Deutschlands. Seitdem das Brauhaus 1997 von Betreiber Frank Baumgürtel wiedereröffnet wurde, ist das klassizistische Gebäude hoch über der Elbe wieder eine Institution. Dabei hat damals so mancher den kühnen Gastwirt für verrückt erklärt. Doch er hat gewagt – und gewonnen. Sein Rezept: „Ich führe meine Häuser so, wie ich selbst gern als Gast bedient werden möchte". Nun trifft man hier jeden Abend jede Menge Leute. In dem langgestreckten Raum finden über 400 Menschen, ein riesiger Tresen, zwei Braukessel und ein

Brauhaus am Waldschlösschen

Am Brauhaus 8b
01099 Dresden

Telefon 0351 – 8 11 99 22
Telefax 0 0351 – 8 11 99 23

Geöffnet: täglich von 11-01 Uhr

Ente, gefüllt mit Sauerkraut

Zutaten für 4 Personen

1 Ente, 2–2,2 kg
0,8 kg Sauerkraut
100 g Rauchspeck
300 g Kartoffeln
0,2 l Weißwein
1 Apfel
Salz, Pfeffer
Beifuß, Majoran
Mondamin
evtl. etwas Geflügelbrühe

Zubereitung

Die Ente auslösen, innen salzen und pfeffern. Dann den Speck auslassen und geschnittenes Sauerkraut sowie den Weißwein dazugeben. Zusammen mit Majoran, Zucker sowie dem gewürfelten Apfel kurz aufkochen lassen und mit den geriebenen Kartoffeln abbinden.

Jetzt das warme Sauerkraut in die Ente füllen, diese dann zunähen und außen würzen. Danach wird die Ente bei 180°C Umluft ca. 1,5 Stunden gegart, dabei mehrmals mit Geflügelbrühe übergießen. Zum Schluss die Ente in Scheiben schneiden und den Bratenfond leicht mit Mondamin abbinden.

Als Beilage empfehlen wir Kräuter- oder Speckkartoffelpüree, aber auch Kartoffelklöße.

fünf Jahren über den Tresen gegangen. Montags, am Haxentag, kosten Haxe und ein halber Liter Bier nur 6,66 Euro! Herr der Töpfe ist Küchenmeister René Kuhn. Da der heutige Eigentümer, der für die Sanierung des Gebäudes ca. 7,5 Mio Euro investierte, aus Bayern stammt, ist auch die Küche brauhaustypisch nach sächsisch-bayrischer Art ausgerichtet. Sonntags kann man sich schon zum Frühstück mit ein Paar original Münchener Weißwürsten, einem halben Liter Waldschlösschen Hefeweizen und einer frischen Brezel für 5,55 Euro den Bauch voll schlagen. „Brauhausklassiker" sind der ofenfrische Leberkäse und der sächsische Sauerbraten. Bei Sonnenschein schwelgt es sich am schönsten unter den Kastanien der Terrasse, mit Blick auf die Elbe. Im Biergarten können sich bis zu 1000 Gäste vergnügen.

CHURFUERSTLICHE WEINSCHAENKE

**CHURFUERSTLICHE
WEINSCHAENKE
HOTEL UND RESTAURANT**

01468 MORITZBURG BEI DRESDEN

TELEFON   03 52 07 – 86 00

TELEFAX   03 52 07 – 8 60 93

GEÖFFNET: TÄGLICH 11-22 UHR,
FREITAG UND SAMSTAG BIS 24 UHR

Schnaufend und bimmelnd fährt die
dampfbetriebene Schmalspurbahn durch
den Lößnitzgrund nach Moritzburg.
Halb Dorf, halb Kleinstadt liegt der Ort nur
12 Kilometer von der Landeshauptstadt
entfernt und ist seit der Jahrhundertwende
für die Dresdner beliebte Sommerfrische.
Ziel ist das Schloss Moritzburg, weltbe-
rühmtes Lustdomizil der Wettiner. Majestä-
tisch thront es auf einer Insel inmitten eines
großen angestauten Teiches. 1723 ließ es
August der Starke anstelle des Renaissance-
baus seines Vorfahren Moritz von Sachsen
errichten. Schon seit Beginn des 16. Jahrhunderts war die wildreiche Gegend vor
den Toren der Residenzstadt beliebtes Jagdrevier des sächsischen Fürstengeschlechts.

Kurfürst Friedrich August III., Urenkel
August des Starken, ließ ein wenig abseits
der pompösen Hofhaltung im Barockschloss
das intimere Fasanenschlösschen erbauen.
Nur wenige Schritte davon entfernt entstand zur selben Zeit das Torwärterhaus,
das man später auch als Hegerhaus für die
königliche Jagd nutzte. Der Torwärter erhielt bald das Schankrecht und aus dem
Torwärterhaus wurde die „Churfuerstliche
Weinschaenke", eine beliebte Rast- und
Ausflugsstätte. Das eher schlichte Gebäude,
1926 ausgebaut und als Gastwirtschaft noch
bis 1945 betrieben, war dann lange Zeit
dem Verfall preisgegeben. Erst 1967 erfolgte
für fünf Millionen DDR-Mark die Rekonstruktion und Erweiterung zum Nobelrestau-

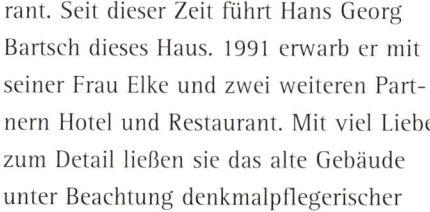

rant. Seit dieser Zeit führt Hans Georg Bartsch dieses Haus. 1991 erwarb er mit seiner Frau Elke und zwei weiteren Partnern Hotel und Restaurant. Mit viel Liebe zum Detail ließen sie das alte Gebäude unter Beachtung denkmalpflegerischer

Gesichtspunkte umfassend renovieren und modernisieren. Das Dachgeschoss wurde mit weiteren romantischen Hotelzimmern ausgebaut. Eine besondere Kostbarkeit ist der Jagdzug des Kurfürsten Johann Georg I., der als 50 Meter langer Fries das Churfürstenzimmer ziert. Ledertapeten mit üppiger Ornamentik aus der Zeit August des Starken, Fürstenportraits, Bleiverglasungen, erlesene Porzellane, Stiche von Ridinger und historische Jagd- und Tierbilder sowie Jagdtrophäen geben den Gasträumen jene unverwechselbare Atmosphäre, wie sie nur im Lauf einer langen Zeit wachsen kann. Der 1997 neu entstandene Hotelflügel fügt sich dezent in das historisch gewachsene Gebäudeensemble ein.

Hans-Georg und Elke Bartsch gelingt das Kunststück, sowohl den Ansprüchen verwöhnter Feinschmecker, die gerne lange verweilen möchten, als auch den Bedürfnissen der Ausflügler gerecht zu werden. „Ganz gewöhnliche Dinge außergewöhnlich tun", ist die Maxime, die, auch wenn man sie umkehrt, beim Ergründen ihres Erfolges

hilft. Denn so zu tun, als gäbe es nichts „Gewöhnlicheres" auf der Welt als ausgefeilte Tafelkultur, ist den Köchen und Kellnern des „Restaurants der Chaîne des Rôtisseurs Paris, Baillage National d'Allemagne" – ein seit Jahrhunderten bestehender internationaler Feinschmeckerorden – zur Selbstverständlichkeit geworden. Man pflegt hier sächsische und internationale Küche. Natürlich nährt sich vor allem die traditionelle regionale Kost vom Wild der umliegenden Wälder und von den Fischen aus den Moritzburger Teichen. Zu den Spezialitäten, die Küchenchef Torsten Schell besonders empfiehlt, gehört der Moritzburger Spiegelkarpfen „blau" mit geschmolzener Butter, Sahnemeerrettich und Petersilienkartoffeln. Vorab wäre eine Karpfensuppe bestimmt nicht verkehrt. Auch das heimische Wildbret wird nach alten überlie-

ferten Rezepten zubereitet. Á la minute
kommt das Menu von Kaninchenleber-
mousse mit Apfelconfit und Madeiragelee,
Hirschmedaillons mit Rotweinjus und sau-
tierten Steinpilzen auf den Tisch. Ein wunderbarer Abschluss dieses kulinarischen
Ausfluges in den Moritzburger Forst ist das
Nougatparfait mit Bananensalat. Küchenmeister Schell zählt zu jenen nicht allzu
zahlreichen Köchen, die sich der Bedeutung
des letzten Eindrucks bewusst sind und mit
einem vollendet süßen Abschiedsgruß aus
der Küche brillieren. Auch bei den großen
eher mediterran inspirierten Menus keine
Patzer, man spürt bei jedem Gang die volle
Konzentration des ganzen Küchenteams -

vom Amuse gueule über Gänseterrine an
Holundergelee mit Ingwer-Zimt-Feige,
Kürbissamtsuppe mit glasierten Äpfeln und
Sellerieravioli, gebratenen Zander mit
Currysoße, gefüllte Poulardenbrüstchen
auf Morchelrahm bis zum Lebkuchenpar-
fait mit Gewürzorangen und Florentiner.
Allein diese Küche ist Grund genug, die
„Churfuerstliche Waldschaenke" zu besu-
chen. Das romantische Flair und die himm-
lische Ruhe sind willkommene Zugaben.
Die „Churfuerstliche Waldschaenke" ist
ein traumhafter Ausgangsort für die Erkun-
dung der sächsischen Kulturlandschaft. Das
barocke Schloss Moritzburg ist heute ein
Museum. Schnell gelangt man mit dem

hoteleigenen Kleinbus in
Museen und Konzerthäuser
Dresdens, zur Porzellan-
und Domstadt Meißen oder
in das Elbsandsteingebirge.
Oder man dampft wie
anno dazumal mit der
grünen Lok des „Löcknitz-
dackel" vorbei an den
Rebhängen der Säch-
sischen Weinstraße nach
Radebeul. Zur Berühmtheit
der „Churfuerstlichen
Weinschaenke" haben viele
prominente Gäste beige-
tragen, z.B. Franz Josef
Strauß, Kurt Biedenkopf,
Fidel Castro, Kurt Wald-
heim, Prof. Günther Blo-
bel, Theo Adam und Justus
Frantz. Im Jahr 2002
besuchten die Botschafter
von Amerika, Thailand
und Ecuador das gastliche
Haus.

Moritzburg

Rosa gebratener Hirsch-rücken mit Mohnschupfnudeln und Hagebuttenchutney

Zutaten für 4 Personen

600 g Hirschrücken, Wacholderbeeren,
Thymian, Rosmarin, Salz, Pfeffer

Für die Mohnschupfnudeln

400 g mehligkochende Kartoffeln,
2 Eigelb, 100 g Kartoffelstärke,
20 g Mohn, 1 Prise Salz

Für das Hagebuttenchutney

10 cl Rotwein, 1 Zwiebel, kleingewür-
felt, 2 EL Hagebuttenkonfitüre, Ingwer
Weißer Balsamessig, einige frische
Hagebutten

Zubereitung

Den Hirschrücken einen Tag zuvor
mit Wacholderbeeren, Thymian und
Rosmarin marinieren. Dann salzen,
pfeffern und in einer sehr heißen
Pfanne von allen Seiten scharf anbraten, anschließend im Ofen bei 150 °C
15 Min. fertig garen. Vor dem Tran-
chieren noch 10 Min. ruhen lassen.
Für die Mohnschupfnudeln: Kartoffeln
kochen, ausdämpfen und etwas abkühlen lassen. Danach pellen und
durch die Kartoffelpresse drücken oder
fein reiben. Mit den übrigen Zutaten
zu einem Teig verkneten. Auf einem
bemehlten Brett zu einer ca. 2 cm
starken Walze formen. Anschließend
in 1 cm breite Stücke schneiden und
mit der flachen Hand rollen. In
kochendem Salzwasser garen bis die
Schupfnudeln oben schwimmen, gut
abtropfen und mit Butter in der
Pfanne goldbraun braten.
10 cl Rotwein mit feinen Zwiebelwür-
felchen kochen und reduzieren lassen.
2 EL Hagebuttenkonfitüre in der Re-
duktion auflösen, einige halbierte,
entkernte Hagebutten zufügen, mit
etwas Ingwer und weißem Balsamessig würzen und 5 Min. köcheln lassen.

VIVAT BACCHUS – BACCHUS LEBE

Die sächsische Weinkönigin auf ihrem Weinberg in Meissen

> Impressionen vom Meissner Weinfest

TOURISMUSVERBAND
„SÄCHSISCHES ELBLAND E.V."

NIEDERAUER STRASSE 26-28
01662 MEISSEN

TELEFON   0 35 21 – 7 63 50
TELEFAX   0 35 21 – 76 35 40

WWW.ELBLAND.DE
E-MAIL: INFO@ELBLAND.DE

Stellen Sie sich vor, Sie sitzen mit einem Glas Elbtalwein in der Hand auf dem Sonnendeck eines alten Schaufelraddampfers und lassen die Rebhänge an den Ufern der Elbe an sich vorüberziehen. Weinbergschlösschen, Weinlokale, Straußwirtschaften schmiegen sich in eine südländisch anmutende Landschaft. Eine uralte Kulturlandschaft, in der sich Natur und Architektur nach den Gesetzen vom Schönen und Nützlichen vereinen. Im Pillnitzer Schloss-garten blühen die Mandelbäume. Vom Fluss schwingt sich eine Treppe aufwärts zum Wasserpalais, dessen hohe Flügeltüren weit offen stehen, als hätten sie keinen Winter zu fürchten. Weiter fährt der Dampfer bis Dresden. Die Brühlsche Terrasse, die Katholische Hofkirche, das Dresdner Schloss, die Semperoper – eines der schönsten europäischen Stadtpanoramen gleitet vorbei. Wenig später werden die steilen Hänge der Lößnitz in Radebeul sichtbar. Nach Coswig wachsen

die Weinhügel des Spaargebirges empor. Schließlich grüßt das 1000jährige Meißen, Wiege des sächsischen Weinbaus, mit Albrechtsburg und Dom. Weinanbau hat im Elbland eine Jahrhunderte alte Tradition. Bereits im Jahr 1161 wurde der bischöfliche Weinbau in Meißen erstmals urkundlich erwähnt. Das sächsische Weinbaugebiet von Diesbar-Seußlitz bis Pirna ist mit 450 Hektar die kleinste der 13 deutschen Weinregionen. Hier, auf 0,5 % der gesamten deut-

schen Rebflächen, werden 0,2% der deutschen Weine erzeugt. Der Wein der sächsischen Weinberge ist schneller ausgetrunken als nachgereift. Das Klima im Elbtal mit seinen extremen Schwankungen und unwegsamen Steilhanglagen, die sich kaum maschinell bewirtschaften lassen, machen den Weinanbau an der Elbe oft zum Abenteuer mit ungewissem Ausgang. Doch 13 sächsische Weinbaugemeinschaften und etwa 2500 Hobbywinzer erzeugen ihre fili-

granen Tropfen, vornehmlich Weißwein, mit großem Erfolg. Der sächsische Wein hat inzwischen einen guten Ruf als edler Tropfen für Kenner, den jedermann an der 55 Kilometer langen Weinstraße probieren kann. Einen Prospekt über Gästehäuser mit dem Gütesiegel „Besonders empfohlen an der sächsischen Weinstraße" erhält man beim Tourismusverband.

Es gibt wohl kaum eine heiterere kulinarische Wegstrecke als die Sächsische Weinstraße. So schön sich Bacchus` Reich mit dem Dampfer erkunden lässt – die Sächsische Dampfschifffahrt ist mit neun historischen Schaufelraddampfern die älteste und größte Raddampferflotte der Welt – mancher radelt lieber durch das Elbland. Zwischen Dresden-Pillnitz und Meißen tangiert der Elbradwanderweg Altkötzschenbroda. Pillnitz und Meißen kennt die kunstliebende Welt. Wer aber in aller Welt kennt Kötzschenbroda? Allenfalls als Zungenbrecher von Bully Buhlan, der in den Spätvierzigern Glenn Millers „Chattanooga Choo Choo" vermutlich nur wegen der prächtigen Zischlaute in den Ortsteil von Radebeul fahren ließ: „Verzeih`n Sie mein Herr, fährt dieser Zug nach Kötzschenbroda?" Kötz-

schenbroda aber ist beileibe nicht die Erfindung eines Berliner Schlagersängers sondern ein Weindorf mittelalterlichen Ursprungs. Doch während der Name durch das Lied einen Klang bekam, dämmerte der reale Ort lange Zeit vor sich hin. Vom alten Kötzschenbroda gibt es eigentlich nur noch den Dorfanger. 1991, zum ersten Herbst - und Weinfest, fiel den

Gästen zwar noch der abbröckelnde Putz in die Gläser, doch Altkötzschenbroda erwachte aus dem Dornröschenschlaf. Rings um den Dorfplatz schossen die Kneipen wie die Pilze aus der Erde. „Grüne Linde", „Weiberwirtschaft", „Schwarze Seele". Der „Goldene Anker", ein traditionelles Gasthaus mit Ballsaal, wurde liebevoll

rekonstruiert und empfängt heute Hotelgäste aus aller Welt. Altkötzschenbroda, das zu den besterhaltenen Angerdörfern Deutschlands zählt, wurde behutsam in seiner alten Bausubstanz saniert und in leuchtenden Farben mit modernen Bauten, die frisch und frei die historischen Bauformen adaptieren, neu inszeniert. Nun gibt es eigentlich nichts, was es hier nicht gibt: Ateliers, Galerien, Boutiquen, den Bäcker, den Bauern, den Buchladen, die Apotheke und eine Kirche. Altkötzschenbroda ist inzwischen eine beliebte Wohnadresse.

Vor allem aber wandelte sich der wiederbelebte Dorfanger in eine der beliebtesten Kneipenmeilen Sachsens. Mit 13 Weinstuben, Restaurants und Gasthöfen wurde aus dem Weinbauerndorf ein Paradies für Weinliebhaber. Schöner trinken in Altkötzschenbroda. Zum Weinfest im September stehen alle Weinkeller offen, es wird musiziert, getanzt, gesungen und natürlich fröhlich getrunken.

Schwarze Seele

schwarze Seele? Oder ist damit der große Pott Kaffee gemeint, den man hier schon für 2 Euro bekommt. Afrikanische Masken und das mit tanzenden schwarzen Männlein verzierte Ornamentband auf der gelb- und orangefarbenen Wand geben weitere Hinweise bei der Ergründung des geheimnisvollen Namens. Südafrika? Bingo. Diese Kneipe ist das Ergebnis einer wunderbaren Urlaubsreise. Nachdem Ramona und Holger Jo-

watzky wieder nach Hause kamen, wollten sie auch bei ihren Gästen die Lust auf Fremdes wecken. Das Experiment ging nicht ganz auf. So exotisch, wie sie es sich erträumten, geht es auf der Speisekarte nicht mehr zu. Doch neben solidem Kneipenessen wie Wildschweingulasch, gebratenem Leberkäse und Bauernfrühstück stehen noch immer Straußensteak und Krokodiltournedos mit Basmati-Wildreis auf der Karte. Lecker danach ist ein Eierkuchen mit Amarula-Likör oder in Bierteig gebackene Banane. Die Weinkarte setzt noch immer gekonnt vor allem auf südafrikanische Erzeugnisse. Die Bierkarte erweist sich mit der Hausmarke, natürlich ein Schwarzbier, mit ägyptischem Pharaonenbier und Castle Lager aus Südafrika eher als Globetrotter. Beeindruckend ist Holger Jowatzkys Brandy- und Whiskeysammlung mit edlen Tropfen wie der spanische Casjuana Reserva, Jahrgang 1892. Wer sich in den hauseigenen Ferienwohnungen einmietet, wohnt direkt am historischen Dorfanger, eine Minute von Elbe und Elbradwanderweg, drei Minuten von der Elbdampferanlegestelle entfernt, und bekommt auf alle Speisen zehn Prozent Rabatt in der „Schwarzen Seele".

Schwarze Seele

Altkötzschenbroda 19
01445 Radebeul

Telefon   03 51 – 8 38 95 01
Telefax   03 51 – 83 97 97 02
Ferienwohnung 03 51 - 8 38 69 98

Geöffnet: Im Sommer Montag bis Samstag ab 15 Uhr, im Winter ab 16 Uhr, Sonntag immer ab 11 Uhr, hin und wieder Live-Musik.

Ganz schwarz hockt er da auf dunklem Bistrogestühl und blinzelt träge den Gästen entgegen. Einmal schwarzer Kater. Ist er die

WEINBAUER ETC

Förster nach den Regeln des kontrolliert umweltschonenden Weinbaus. In Altkötzschenbroda wird der Traubensaft gekeltert. Dann hört man ihn ganz leise in den Stahltanks gluckern. Auf den Holztischen stehen Gläser, an den Wänden hängen Bilder. Kunst und Wein, schon immer eine

Mit 1,36 Hektar Rebfläche ist er einer der kleinsten Weinbauern im kleinsten Weinanbaugebiet Deutschlands, aber seine Weine haben Format. Minimalist ist Frank Förster vor allem im positiven Sinn – durch minimales Eingreifen und ein Minimum an Technik will er den Wein in seinem ursprünglichen Wesen zur Wirkung bringen. Auf seinem Weinberg hundert Meter über der Elbe baut er vor allem Kerner, Scheurebe und Spätburgunder an. Der steinige Syenitboden und die Trockenmauern aus diesem Gestein absorbieren die Sonnenenergie und bringen fast mediterranes Flair in seinen Weinberg. Hier wirtschaftet Frank

genussvolle Symbiose, haben hier auf besonders kreative Weise zueinandergefunden. Die alte Scheune wurde zu Galerie, Atelier und Kellerei, eine gemeinsame Idee von Weinbauer und Architekten. Antje und Frank Mehnert, die schon vielen alten Häusern in Altkötzschenbroda zu neuem Leben verhalfen, verwandelten nun die Scheune auf Ihrem Gehöft am Dorfanger in ein Kultur- und Weindomizil. Während auf einem Drittel der Fläche Frank Förster die Gäste genusshaft-sinnlich in die Geheimnisse des Weines einführt, laden Antje und Frank Mehnert mit Ausstellungen sowie Zeichen-, Kompositions- und Farbübungskursen in die Welt des Sehens ein. Die Scheune dient auch für öffentliche und private Veranstaltungen. Mit dem Kauf und Ausbau dieses alten Gehöfts haben sich die Mehnerts einen alten Traum erfüllt. Die vier großen, hellen Ferienwohnungen tragen die Handschrift der Architekten. In einem kleinen Laden bietet das Rittergut Obermunzing Land-Produkte zum Verkauf an.

WEINBAUER ETC....

FERIEN-WOHNEN
KULTUR-& WEINSCHEUNE
ALTKÖTZSCHENBRODA 46
01445 RADEBEUL

TELEFON WEINHAUS FÖRSTER
01 71 - 9 30 62 07
FERIENWOHNUNGEN
03 51 – 8 30 75 02
KULTUR & WEINSCHEUNE
03 51 – 8 30 54 40
TELEFAX   03 51 – 8 30 72 04

GEÖFFNET NACH ANMELDUNG

SCHLOSS WACKERBARTH

SCHLOSS WACKERBARTH
SÄCHSISCHES STAATSWEINGUT
GMBH

WACKERBARTHSTRASSE 1
01445 RADEBEUL

TELEFON   03 51 – 8 95 52 00
TELEFAX   03 51 – 8 95 52 50

GEÖFFNET: GUTSVERKAUF VON MONTAG
BIS SONNTAG 9.30-18 UHR.
GASTHAUS MONTAG BIS SONNTAG
10-18 UHR.
DIE WEIN-, SEKT- UND HISTORISCHEN
TOUREN BEGINNEN TÄGLICH UM 10 UHR,
LETZTE FÜHRUNG 16.30 UHR

Eigentlich ist er ein ganz moderner Typ, jung und sportlich, doch wenn er ein Glas mit Wein gegen das Licht hält, funkeln seine Augen und um seine Lippen spielt uraltes Wissen ein verschmitztes Lächeln, ganz so, wie man es sich bei einem Kellermeister immer vorgestellt hat. Jan Kux scheint die Verkörperung des hiesigen Erfolgsrezepts „Tradition und Moderne" zu sein. Nachdem die Sächsische Aufbaubank unter Führung von Joachim Freiherr von Seckendorff den Betrieb im September 1999 übernommen hatte, wurde die barocke Schlossanlage saniert, daneben entstand eine hochmoderne Wein- und Sektmanufaktur. Wie gut Hitech- und Handarbeit zusammenpassen, kann der Besucher auf Schloss Wackerbarth mit allen Sinnen erleben. Auf Sekt- und Weintouren wird mit Klangfarben und Illumination der

Produktionsprozess erhellt, die historische Route ist eine Zeitreise zum Reichsgrafen Wackerbarth, der als Günstling August des Starken 1729 Schloss und Park erschaffen ließ.

Schloss Wackerbarth ist heute das einzige europäische Weingut, das als Erlebnispark Einblick in die Welt des Weines gibt. Doch im Vordergrund steht die Produktion. Mit 93 Hektar erstklassigen Lagen bewirtschaften die Winzer von Schloss Wackerbarth ein Drittel aller Steillagen Sachsens. Jährlich werden rund 400 000 Liter Wein, vor allem Riesling und Burgunder, 1,5 Million Flaschen Sekt und 150 000 Flaschen Winzer-

sekt (Flaschengärung) erzeugt. Schon am frühen Morgen streift Jan Kux durch die Hänge. Bevor er aus den verschiedenen Rebsorten einen Sekt komponiert, beobachtet er die Trauben. Deshalb mag er eigentlich auch nicht die Bezeichnung „Kellermeister". „Ich bin nicht einer, der nur zwischen seinen Fässern haust", sagt der Ingenieur für Weinbau und Kellerwirtschaft, denn „was im Weinberg versäumt wird, lässt sich im Keller nicht mehr retten". Diese Fürsorge hat sich ausgezahlt. 1999 kam Jan Kux nach Radebeul, schon ein Jahr später nehmen die strengen Weinkritiker das Weingut Schloss Wackerbarth lobend wahr. Kein Wunder bei Weinen wie dem 2000er Riesling, eine Spätlese mit Aromen von Pfirsich, Grüner Apfel und eingebundenen Noten von Limette und Grapefruit. Er passt vorzüglich zum „Coq au Riesling" von Küchenchef Wolfgang Hauenstein. Der Michelinsternträger aus Oberfranken verwöhnt die Besucher im Gasthaus mit einer feinen Bistroküche. Er ist ein weiteres personifiziertes Beispiel für den hohen Anspruch des Weinguts Schloss Wackerbarth an Gastlichkeit und Perfektion.

COQ AU RIESLING

Zutaten für 4 Personen

1 Hähnchen ca. 1,2 kg
Salz, Pfeffer
50 g magerer Brustspeck
4 kleine Zwiebeln
100 g frische Champignons
50 g Lauch
2 Knoblauchzehen
1 EL Mehl
1/2 l Riesling
1/2 l Geflügelbrühe
1 Kräuterstrauß (Petersilie, 1 Zweig Thymian, Lorbeerblatt)
1 EL Cognac
1/8 l Sahne
1 EL Creme fraiche

Zubereitung

Das grob zerteilte Hähnchen 24 St. in Riesling, Zwiebeln, Lauch, Champignons und etwas Knoblauch marinieren. Danach trocken tupfen, würzen und vorsichtig in etwas Butter anbraten, herausnehmen und zur Seite stellen. Im selben Topf den Speck mit Butter anbraten, das Marinadengemüse dazugeben und leicht anbraten. Mit dem Mehl bestäuben und mit Geflügelbrühe sowie Riesling aufgießen. Geflügelteile wieder in den Topf legen und 20 Min. fertig garen. Dann Hähnchenteile wieder herausnehmen, Soße passieren, mit Creme fraiche und Riesling verfeinern, würzen und das warmgehaltene Fleisch mit der Soße überziehen und servieren. Als Beilage eignen sich Reis, Kartoffeln, Nudeln und diverses Gemüse.

STIFTUNG WEINGUTMUSEUM HOFLÖSSNITZ

Weinstraße. Fast 600 Jahre war sie insbesondere ein Weingut der Kurfürsten und Könige von Sachsen. Eine Idylle, die ihre wahren Schätze aber erst auf den zweiten Blick offenbart. Das 1650 unter Kurfürst Johann Georg I. erbaute „Lust und Berghaus" gilt als Kleinod sächsischer Raumkunst. Besonders das Obergeschoss mit den kurfürstlichen Wohn- und Schlafgemächern sowie dem Festsaal voller Bilder an Wänden und Decken zeigen einen wunderbaren Reichtum allegorischer Malerei. Vor allem die 80 Deckengemälde im Festsaal, naturhafte Abbilder brasilianischer Vögel des niederländischen Malers Albert Eyckhout, sind von kulturgeschichtlicher Bedeutung. Im Erdgeschoss des Weinberghauses und in der Freifläche dokumentiert die ständige Ausstellung die Geschichte vom Weinbau im oberen Elbtal. Im Weinkeller des Presshauses befindet sich ein weiterer Ausstellungsteil, die „Historische Kellerwirtschaft". In der Weingutanlage gibt es neben dem Museum ein Weingut, das auf einer Fläche von etwa 8ha, mit ökologischer Bewirtschaftung die Tradition des Weinanbaus lebendig hält. Typische Elbtal-Rebsorten wie Müller-Thurgau, Grauer und Weißer Burgunder, Riesling,Goldriesling, Tramine, Gutedel und neuerdings auch roter Regent reifen im Weinkeller des Presshauses zu klassisch klaren und eleganten Weinen, die man auch im Museums- und Weingutladen im klassizistischen Kavalliershaus kaufen kann.

Steil wächst der „Goldene Wagen", beste sächsische Weinlage, der Sonne entgegen. Unterhalb des mit Reben bewachsenen Weinbergs fügt sich ein stattliches, wenngleich schlichtes Gebäudeensemble mit einem Fachwerkbau aus dem 17. Jahrhundert still und heiter in die Landschaft der Lößnitz. Die Hoflößnitz ist der Mittelpunkt, wenn nicht gar das Herz, der Sächsischen

STIFTUNG WEINGUTMUSEUM
HOFLÖSSNITZ

KNOHLLWEG 37
01445 RADEBEUL

TELEFON   03 51 – 8 39 83 33
TELEFAX   03 51 – 8 39 83 30

GEÖFFNET:
DIENSTAG BIS FREITAG 14-18 UHR,
SAMSTAG UND SONNTAG 10-18 UHR

WEINSTUBE HOFLÖSSNITZ

Im 1688 erbauten Winzerhaus kann man die Weine der Hoflößnitz und anderer sächsischer Weingüter probieren. Neben der Wohnung des Winzers waren in diesem ältesten noch original erhaltenen Gebäude des Weinguts einst ein Weinkeller, eine Probierstube für den Kurfürsten und Stallungen untergebracht. Vor wenigen Jahren haben Matthias Gräfe und seine Frau Ines Kuka die Weinstube für das Weingut übernommen und schon bald damit ganz eigene Akzente in der sächsischen Gourmandie gesetzt. Ines Kuka hatte zuvor bei Rockendorf und Heisig in Berlin Sterne erkocht. Der Dresdner Matthias Gräfe war sechs Jahre lang im Rheingau auf Schloss Vollrads. Hier wurde seine Lust auf eine Küche geweckt, die authentisch in ihrer Region wurzelt. Die Erfahrungen des Paares in Top-Gastronomie und ländlicher Gutsküche kommen nun den Gästen der „Hoflößnitz" zu Gute. Im romantisch-schlichten Ambiente der Weinstube mit Holzdielen, Eichenholzeckbank und einem 300 Jahre alten Kachelofen gibt es „Weinschmeckereien" höchster Güte. Die Zutaten dafür müssen frisch sein. Da sind die beiden ganz eigen. Deshalb gibt es rings um das Winzerhaus auch den Kräuter- und Gemüsegarten. Wird der Vorrat knapp, springt Bauer Taschenberger aus Radebeul ein. Viel Sorgfalt verwendet das Küchenteam natürlich auch auf die Auswahl der anderen Produkte. Regionalität geht über alles. Sächsischer Emmentaler, Wild aus den Forsten bei Dresden, Geflügel vom Hof der Familie Noack in Thiendorf. In ihrer knappen Freizeit streifen Ines Kuka und Matthias Gräfe auf der Suche nach authentischen Produkten durchs Land. Auf einem Bauernhof in der Oberlausitz haben sie gerade einen Käse entdeckt, der sich in köstlich lauwarme Ziegenfrischkäsenocken verwandeln lässt.

WEINSTUBE HOFLÖSSNITZ

KNOHLLWEG 37
01445 RADEBEUL

TELEFON   03 51 – 8 39 83 55
TELEFAX   03 51 – 8 39 83 40

GEÖFFNET
1.MAI BIS 31.OKTOBER MONTAG,
MITTWOCH BIS FREITAG AB 17 UHR;
WOCHENENDE AB 12 UHR
1. NOVEMBER BIS 30. APRIL MONTAG,
DONNERSTAG, FREITAG AB 17 UHR,
WOCHENENDE AB 12 UHR

HOTEL RESTAURANT SORGENFREI - KLEINES „SANSSOUCI"

Rokokotraum. Noch vor wenigen Jahren war das letzte architektonische Beispiel des Dresdener Zopfstils fast eine Ruine, inzwischen ehrte man Jutta Steiner-Hanson und ihren Mann, den Architekten Hans-Henning Hanson, für die Rettung eines der schönsten sächsischen Kulturgüter mit dem Bauherrenpreis der Stadt Radebeul und dem Bundespreis für Denkmalschutz und Architektur. Als das Stuttgarter Ehepaar vor Jahren auf einer Durchreise das Kleinod entdeckte, das wie verwunschen im verwilderten Park auf seine Erlösung zu warten schien, war es Liebe auf den ersten Blick. Die Villa daheim wurde verkauft und alle Kraft und Zeit in die Restaurierung der denkmalgeschützten Anlage gesteckt. Die Restauratoren legten die übertünchten Wandmalereien frei. Eigenhändig befreiten die Hansons die 6700 Quadratmeter große Parkanlage vom Wildwuchs. Nun führt die schöne Lindenallee wieder lückenlos zum Hauptportal des Herrenhauses. Vergoldete Füllhörner und Weintrauben rahmen das Ziffernblatt der Uhr am Dachreiter. Damit die neue Zeit im sächsischen Sanssouci sich auch sorgenfrei gestalte, haben die Hansons im Haus 14 Zimmer im Louis-Seize-Stil eingerichtet, natürlich mit allem modernem Komfort. Französisch-mediterran ist auch die Küche von Jan Lucas. Bevor er nach Radebeul kam, kochte er im Berliner Gourmetrestaurant „Bamberger Reiter". In

HOTEL RESTAURANT SORGENFREI - KLEINES „SANSSOUCI" BEI DRESDEN

AUGUSTUSWEG 48
01445 RADEBEUL B. DRESDEN

TELEFON   03 51 – 8 93 33 30
TELEFAX   03 51 – 8 30 45 22

*L*achsfarbene Leinentischtücher, Tafelsilber und Kerzenschimmer. Der Kristalllüster im hohen Gartensaal ist ebenso wie der sächsische Sandsteinfußboden schon 200 Jahre alt. An den Wänden sorgsam restaurierte Malereien, draußen im Brunnen eine Sphinx, magisches Zentrum des französischen Gartens. Das Erwachen im Weinbergschlösschen „Sorgenfrei" in der Villen-, Wein- und Gartenstadt Radebeul, zwischen der Elbe und den hundert Meter hohen Rebhängen, ist ein nicht endender

PAILLARD VOM KALBSRÜCKEN

Zutaten für 6 Personen

1,2 kg Kalbsrücken (6 Stück)
150 g Champignons
1 Schalotte
400 g Kalbsfarce
400 g Bohnen
200 g Kürbis
1 Schalotte
diverse Kräuter wie Majoran,
Thymian, Rosmarin, Liebstöckel

Zubereitung

Champignons, Kräuter und Schalotten
in Butter anschwitzen, dann abkühlen
lassen. Mit der Kalbsfarce vermengen
und die plattierten Steaks damit füllen
und wie Rouladen eindrehen. Die
Rouladen anbraten und bei 180 °C im
Ofen fertig garen.
Die Bohnen blanchieren, den Kürbis
in kleine Würfel schneiden, dann alles
zusammen mit den Schalotten und
den Kräutern anschwitzen und abschmecken. Das Paillard schräg aufschneiden und gemeinsam mit dem
Bohnencassoullet anrichten.

seiner Lehrzeit beim Sternekoch erarbeitet
sich Jan Lucas ein goldenes Händchen, mit
dem er bravourös Südländisches mit
Sächsischem mixt, dass dann so köstlich
vertraut und gleichsam exotisch schmeckt
wie der Kürbis-Honig-Schaum mit Pink
Prawn, geratenen Süßwassergarnelen, oder
auch die Suppe von Topinambur. Jan Lucas
ist ein Suppenkönig. Und ein Zauberer,
denn was aus seinem winzigen Küchenreich
kommt, z.B. der Klassiker auf der wöchent-
lich wechselnden Karte, das Carpaccio und
Tartar vom Thunfisch, ist ganz groß.

BÄCKEREI KONDITOREI EMIL REIMANN GMBH

Meisterbetriebe haben sich zu diesem Zweck im Schutzverband Dresdner Stollen e.V. zusammengetan. Nun kann man sicher sein, wo Dresdner Stollen draufsteht, ist auch Dresdner Stollen drin. Erkennungsmarke ist das Siegel mit dem Goldenen Reiter, August der Starke hoch zu Ross, der esslustigste König der Sachsen. Der Dresdner Christstollen gehörte zu seinen Lieblingsspeisen. Doch kannte man das köstliche Backwerk

schon im Mittelalter. Da allerdings damals noch keine Butter zur Adventszeit verwenden werden durfte, kam er etwas mager auf den Tisch. Erst eine Bittschrift des Kurfürsten Ernst von Sachsen 1660 an Papst Urban VIII. erlöste die Dresdner von

**BÄCKEREI KONDITOREI
EMIL REIMANN GMBH**

FABRIKSTRASSE 7
01445 DRESDEN-RADEBEUL

TELEFON   03 51 – 27 28 80
TELEFAX   03 51 – 2 72 88 19

Spätestens im Dezember fehlt er auf keiner Kaffeetafel – der duftende Dresdner Stollen, voller Rosinen, Sultaninen und Mandeln. Mit schneeweißem Zucker bestäubt liegt er auf dem Teller und weckt Erinnerungen an die Kinderzeit. Er ist in Sachsen das traditionsreichste Weihnachtsgebäck und weit über die Grenzen des Landes hinaus berühmt, weshalb man ihn andernorts auch immer wieder zu kopieren versuchte, doch das Original blieb unerreicht. Vorsichtshalber aber ließen ihn sich die Dresdner Bäcker patentrechtlich schützen. 150

diesem Übel. Dankbar mauerte daraufhin ein Dresdner Bäcker einen ungewöhnlich großen Backofen und buk einen Riesenstollen. Man brauchte ein Pferdegespann um dieses gewaltige Naschwerk vor das königliche Schloss zu fahren. Dort angekommen, gab es ein neues Problem, keines der Messer war groß genug, um den Kuchen anzuschneiden. Da nahm der Kurfürst seinen Säbel und hieb sich ein Stück davon ab. Seither feiern die Dresdener alljährlich mit dem Striezelmarkt dieses Ereignis. Tonnenschwer ist dann der von allen Dresdner

Bäckern gemeinsam gebackene Stollen. Natürlich ist auch die Stollenbäckerei „Emil Reimann" dabei. Viele „Goldene Preise" haben die Radebeuler schon für ihre Stollen bekommen. Geschäftsführer Joachim Strauß ist in den Bäckereien seiner Vorfahren groß geworden, diese Erfahrung bestimmte sein Leben.

Nun backt er schon selber seit über 50 Jahren originalen Dresdner Christstollen. Für ihn und seine Mitarbeiter beginnt Weihnachten schon Ende Juli, denn viele Verkaufsstellen wollen im September ihre

Weihnachtsartikel präsentieren. Außerdem sind die Wege zu den Konsumenten in Australien, USA, Japan, Frankreich, Spanien und Österreich weit. Durch den hohen Zucker- und Sultaninenanteil kann der Betrieb eine Haltbarkeit des Stollens bis zum 31.3. des folgenden Jahres garantieren. Es gibt eine feste Grundrezeptur für Stollen, jeder Bäcker aber hat darüber hinaus noch seine ganz eigenen Vorlieben, bemisst die eine oder andere Zutat verschieden. Gebacken wird eben nach alten Familienrezepten. Im Reimann-Stollen stecken z.B. viele Sultaninen und mit der Butter wird auch nicht gespart. Bevor man den Stollenlaib zuerst mit Kristall- dann mit Staubzucker bestreut, wird er mit flüssiger Butter getränkt. Ehre und Tradition der Bäcker verlangen, dass der Teig mit der Hand geknetet und geformt wird. Dabei wälzt man den Teigklumpen hin und her, schließlich gibt man ihm entweder mit einem sogenannten Wegdrückholz oder mit Einschnitten die endgültige Form: „Christus in der Wiege" und „Christus im Wickelbett".

Zum Schluss werden die köstlichen Weihnachtskuchen in Folie verpackt und in mit historischen Ansichten Dresdens bebilderte Kartons und Geschenkblechdosen verführerisch verpackt.

GUSTO - TEEKONTOR DRESDEN

SAMSTAGS
9-16 Uhr
geöffnet!

GUSTO - TEEKONTOR DRESDEN

TEE KAFFEE FEINKOST – NATÜRLICH
GENIESSEN
TELEFON   0351 - 421 12 96
TELEFAX   0351 - 838 89 00

FACHGESCHÄFTE:
COSSEBAUDER STRASSE 15, 01157
DRESDEN-COTTA, LOUISENSTRASSE 4,
01099 DRESDEN-NEUSTADT
MEIßNER STRASSE 273, 01445
RADEBEUL-WEST

Als Frank Dietze 1993 in Dresden sein erstes TEE-Fachgeschäft eröffnete, musste er wahre Pionierarbeit leisten. Es gab, sage und schreibe, zu dieser Zeit nur einen einzigen Teeladen in der Hauptstadt der „Kaffeesachsen". Da war Aufklärungsbedarf. Frank Dietze trank zunächst ein paar Tassen kräftigen Malty Assam „Herrentee", dann machte er einen Plan. Durch kompetente Fachberatung und gute Qualität langfristige Kundenbeziehungen aufzubauen, hieß schließlich seine Strategie. Was sich wie graue Theorie anhört, hat sich in der Praxis bewährt. Inzwischen betreibt er gemeinsam mit seiner Frau Ute drei Gusto-Läden. Gusto heißt Geschmack, und das ist Programm. Nicht nur die geschmackvolle Einrichtung

der Geschäfte macht das Einkaufen angenehm, vor allem in der Produktauswahl verwenden die beiden viel Zeit und ihren Geschmackssinn, um die vielen Teesorten regelmäßig zu prüfen und neue Tees auszusuchen. Anfangs wollten sie nur ein klassi-

sches TEE-Fachgeschäft betreiben, ergänzt um das passende Geschirr. Das Ziel war, auch in Dresden eine eigene Teekultur voranzubringen. Doch bald schien jeder Dresdner sein Teegedeck zu besitzen, da mussten sich die beiden etwas anderes einfallen lassen. Tee ist für Ute und Frank Dietze in erster Linie ein Genussmittel, das wunderbarer Weise auch noch gesund ist. Wer so denkt hat keine Berührungsängste mit anderen Leckereien. So duftet es mittlerweile in den Gusto-Läden verführerisch nach Tee und Kaffee, Kakao, Gebäck und Schokolade. Natürlich nicht nach irgendwelchem Kaffee beispielsweise. So wie es eine Vielfalt beim Tee gibt, wird auch hier nach besonderen Sorten gesucht. Der Kaffee kommt aus kleinen Röstereien, die auch plantagenrein kleine Mengen rösten. Dabei werden die Eigenschaften jeder Sorte durch individuelle Temperaturen und Röstdauern optimal herausgearbeitet. „Jeder nach sei-

nem Gusto…" setzt sich auch in anderen Genussmitteln fort. So findet man u.a. Konfitüren, Marmeladen und Honig-Spezialitäten aus England, Frankreich, Italien und Deutschland. Olivenöle und Essige stammen ebenso wie Pestos und Patés aus dem mediterranen Ländern. Die Zutaten der Kräuteressige aus Nordwestdeutschland stammen aus kontrolliert biologischem Anbau. Insgesamt 200 Genuss-Artikel bilden eine große Versuchung. Ganz vorn aber liegt mit etwa 300 verschiedenen Sorten der Tee. Die Palette umfasst Schwarzen und Grünen Tee, Früchte-Mischungen und Kräutertee, Rotbuschtee und Mate. Eine Besonderheit ist der Oolong-Tee, er ist nicht mehr ganz grün, aber auch noch nicht ganz schwarz. Da er nicht voll fermentiert wird liegt er irgendwo dazwischen. Sein Geschmack ist ganz unterschiedlich, aber immer zart. Der „Schwarze Drache" aus Taiwan gilt als der Champagner unter den Tees. Hinter blumigen Namen wie Morgenzauber und Jasmin verbergen sich aromatisierte Tees, „Omas Garten" und „Kleine Hexe" stehen für fruchtige Mischungen.

Ute und Frank Dietze sind immer auf der Suche nach Produkten, die es wert sind, in einem Fachgeschäft verkauft zu werden. Eine große Chance auch für kleine Produzenten, deren Mengen meist viel zu klein sind, um in Supermärkte zu gelangen. So werden in einer seit 1732 im Familienbesitz befindlichen Thüringer Mühle leckere Senfe nach traditioneller Methode hergestellt. Die

alten Steinmühlen zermahlen ganz langsam und ohne Erwärmung die Senfsaat – das kostbare Ergebnis kann man bei „Gusto" kaufen. Inzwischen werden die Produkte auch über Versand und Großhandel vertrieben, aber auch Gastronomen kommen immer mehr auf den Geschmack der feinen kulinarischen Besonderheiten des „Gusto". Mittlerweile hat das „Gusto" einen Kundenkreis von über 5000 Genießern. Aus dem Ein-Mann-Betrieb ist ein erfolgreicher Familienbetrieb geworden.

WEINBERGSCHÄNKE PILLNITZ

WEINBERGSCHÄNKE PILLNITZ

AM RATHAUS 2
01326 DRESDEN-PILLNITZ

TELEFON   03 51 – 2 61 88 05
TELEFAX   03 51 – 2 61 13 60

GEÖFFNET: TÄGLICH 11-23 UHR

Pillnitz ist eines der beliebtesten Ausflugsziele der Dresdner und ihrer Gäste. Dieser Vorort, rund anderthalb Dampferstunden von der Brühlschen Terrasse entfernt, birgt ein wahres Kleinod am Ufer der Elbe: das einstige Sommerschloss August des Starken. Hier kann man durch einen chinesischen, französischen, englischen oder holländischen Garten flanieren, Serenadenkonzerten lauschen und träumen – bis der Magen knurrt. Dann wird es Zeit, die schöne alte Kastanienallee hinab in den Ort zur „Weinbergschänke" zu wandern. In dem weißen Haus hinter der hohen Ligusterhecke und den kugelig geschnittenen Lindenbäumen wird Sie der schnöde Alltags noch lange nicht einholen. Die Welt bleibt draußen vor den Fenstern der Wirtsstube und schimmert nur schwach durch die goldigen Bleiglasfenster. Für das wohlige Gefühl, gut aufgehoben zu sein, sorgen natürlich auch köstliche Speisen und erlesene Weine. Schon seit 1900 ist die Gastwirtschaft „Weinbergschänke" zu Pillnitz ein Begriff. Sie war immer ein familiengeführtes

Restaurant. Seit 1998 ist Henry Kreher der Patrone, der nun den guten Ruf des Hauses mit neuen Ideen erfüllt. Eigenhändig baute er einen Kamin in den schon einige Jahre zuvor errichteten Anbau. Einen Kamin mit echtem Feuer, das immer brennt, wenn der Gast es wünscht. Überhaupt ist Großzügigkeit eine der hervorragenden Eigenschaften des jungen Wirtes. Weinverkostungen beispielsweise finden hier immer statt. Eine andere ist Heimatliebe, kulinarisch aufbereitet z.B. in Wildwochen mit Frischlingessen. Auch mit seinen preiswerten sächsisch-böhmischen Gerichten möchte Henry Kreher die regionale Küchentradition aufrechterhalten. Es gibt Kanci Gulás, Houskovy knedlik, also Wildgulasch mit Rotkohl und böhmischen Knödeln und Pillnitzer Winzerbraten, Schweinenacken in Wein mariniert, im Rosmarinmantel geschmort, mit Rosmarinsoße, Sauerkraut und Stupperche, kleinen Fingerklößchen serviert. Dazu gibt es eine reiche Auswahl an sächsischen Weinen. Köstlich mundet natürlich zum Pillnitzer Weinfleisch ein Tropfen vom Pillnitzer Weinberg.

Eigentlich ist Henry Kreher Serviermeister, doch dass er auch kochen kann, beweist er einmal in der Woche: Montag kocht der

Chef. Ansonsten trifft man ihn eher hinter dem Tresen. Jederzeit zu einem flotten selbstgedichteten Spruch bereit.

WILDENTENBRUST IN CASSISSOßE, MIT SAUTIERTEN SCHATTENMORELLEN, BIRNEN-BOHNENGEMÜSE UND NOSTICEWKARTOFFELN

Zutaten für 4 Personen

4 Wildentenbrüste a 200g
480 g Prinzessbohnen
200 g Schattenmorellen mit Saft
5 cl Creme de Cassis
600 g Kartoffeln
3 Eier, 10 g Butter, 100 g Mehl
0,2 l Milch, 50 g Parmesan

Zubereitung

Zuerst werden die Nosticekartoffeln hergestellt:
Kartoffeln weich kochen und reiben, Eier zugeben, dann die fast flüssige Butter unterheben und alles mit Mehl anstäuben. Warme Milch einrühren kurz aufkochen - fertig ist der Brandteig. Nun noch mit Salz und Muskatnuss würzen und auf ein Backblech 1cm dick auftragen. Mit Eigelb dünn bestreichen und Parmesan sparsam aufstreuen. In der Röhre ca.15 Min. bei 150°C backen.
In der Zwischenzeit die Entenbrust in wenig Olivenöl schön rosa(innen) braten. Mit Pfeffer und Salz würzen.
Die Prinzessbohnen blanchieren, in der Pfanne mit Bohnenkraut, Würfeln von der Williams-Birne und ein wenig Salz durchschwenken.
Für die Soße die Entenbrüste warm stellen ,in die Pfanne die Schattenmorellen geben, mit Cassis parfümieren, etwas Kirschsaft, Rotwein und wenig Küchensahne dazugeben, kurz aufkochen lassen – fertig.
Zum Anrichten die Nosticekatoffeln in Rhomben schneiden, mit dem Gemüse und der in Fächer geschnittenen Entenbrust auf dem Teller platzieren. Die Soße wird über die Entenbrust gezogen. Guten Appetit!

BURGKELLER

BURGKELLER

DOMPLATZ
01662 MEISSEN

TELEFON   0 35 21 – 4 14 00
TELEFAX   0 35 21 – 4 14 04

GEÖFFNET: GANZJÄHRIG
BÖTTGERSTUBE TÄGLICH VON 11.30 –
14.30 UND 18.00 - 23.00 UHR,
WIENER CAFÈ 14.30 - 18.00 UHR,
BURGGRAFENSTUBE AUF ANFRAGE

Was für eine Aussicht! Ob vom Biergarten, von der Terrasse oder durch die großen Fenster der „Böttgerstube" – der Blick auf die romantische Dachlandschaft der Altstadt Meißens am Fuße des Domberges ist grandios. Bis zu den Weinbergen am anderen Ufer der Elbe kann man sehen. Wer lieber auf den romantischen Burgplatz mit dem mittelalterlichen Dom und der Albrechtsburg schauen möchte, in der einst Böttger an der Erfindung des Meissener Porzellans laborierte, kann dies durch die Fenster der „Burggrafenstube" tun. Während sich das Auge am schönen Ausblick freut, labt sich die Zunge an den Speisen des Burgkochs. Reiner Palm ist eine Frohnatur und seine Tagessuppe nach „Laune

des Burggrafen" dementsprechend gelungen. Er ist ein Meister der derb-bäuerlichen Küche, beherrscht aber ebenso die feineren Töne. In der „Burggrafenstube" geht es kräftig zur Sache. Es gibt Ärdäppelsupp mit Schnippelwurst, Schweinebäckchen und Spanferkel in einer Soße vom Meißener dunklem Bier. Dass in der „Böttgerstube" etwas vornehmer getafelt wird, kann man schon am Kristalllüster, den cremefarbenen Tischdecken und lachsroten Sesselchen sehen. Doch wer meint, hier würde nun auch zierlich aufgetischt, irrt, die Teller sind gut gefüllt, nur kommt das Schweinerückensteak etwas vornehmer, nämlich auf Honigquitten daher. Zart dippt der Weidelammrücken in Rosmarinjus, zu den hausgemachten Wildbratwürstchen gesellt sich Orangen-Rotkohl-Salat. Mit seiner Forelle in der Papierhülle hat Reiner Palm schon manchen Gast überrascht. Seine Spezialität aber ist der Lachs im Ton-Mantel. Keinesfalls sollte man versäumen, die süßeste

Seite des Burgkochs kennen zulernen. Sein Naschwerk, vor allem das Schokoladenfondue, ist eine Sünde wert. Noch ein Wort zum Wein: Die Böttgerstube wurde jüngst mit dem Weinstraßen-Gütesiegel ausgezeichnet. Ein Zeichen für gepflegte Gastlichkeit in Harmonie mit den sächsischen Weinen.

SCHWEINERÜCKENSTEAK AUF HONIGQUITTEN AN GEKRÄUTERTEN STAMPFKARTOFFELN

Zutaten für 4 Personen

8 Schweinerückensteaks á 80 g, 4 EL Olivenöl, etwas Mehl, Salz, Pfeffer, Bohnenkraut, frische Kräuter: Schnittlauch, Petersilie, Koriander, Kerbel, Chilifäden, eine Messerspitze Safran, 1 Knoblauchzehe, 2 Frühlingszwiebeln, 3 mittelgroße Quitten, Saft von 2 Orangen, 1/10 l Meißner Weißwein, 3 EL Honig, 800 g Kartoffeln, 50 g Butter, 100 ml Sahne

Zubereitung

Die Steaks leicht plattieren, mit Salz, Pfeffer und Bohnenkraut würzen und leicht im Mehl wenden. 3 El Olivenöl erhitzen und die Steaks darin anbraten. Anschließend auf dem Bachblech im Ofen bei ca. 150°C ziehen lassen. In der Pfanne mit dem Bratenfett die Knoblauchzehe und die fein geschnittenen Schalotten anschwitzen. Danach die geschälten, entkernten und gespalteten Quitten anschwenken und mit dem Honig karamellisieren. Den Weißwein zugeben und weich dünsten. Den Orangensaft dazugeben und solange reduzieren lassen, bis eine leicht sämige Soße entsteht. Dazu eine Messerspitze Safran für die Farbe geben.

Die Kartoffeln schälen und weich kochen, abgießen bis auf 2 El Kartoffelwasser, anschließend stampfen. Die geschmolzene Butter mit der erwärmten Sahne und den feingehackten Kräutern zugeben und mit Salz, Pfeffer abschmecken.

Die Schweinesteaks auf dem Quittengemüse anrichten und dazu die Stampfkartoffeln reichen, mit Schnittlauch und Chilifäden dekorieren.

HOTEL GOLDENER LÖWE

Ambiente. Hier bringt der junge Koch Silvio Escher verfeinerte erzgebirgische Küche auf den Tisch. Würzig duftet der Buttermilchgetzen, die Kartoffelsuppe ist goldgelb und samtig, alter Sherry gibt der Rinderkraftbrühe „Celestine" den Kick. So oft auch die Karte wechselt, die Schusterpfanne mit Birnen, Kartoffeln und geschmackvoll Geschnetzeltem von Schwein und Rind, bleibt ganz vorn auf der kulinarischen Hitliste des „Goldenen Löwen". Ebenso die geschmorte Hirschkeule mit Pilzen, Preiselbeeren und Kartoffelklößen. Das Wild stammt aus dem Moritzburger Forst. Roastbeef und Filets liefert die Metzgerei in Grobschütz. „Wir kennen jedes Rindvieh, dass bei uns in die Pfanne kommt, mit Namen", beteuert der Küchenchef. Wer es dennoch lieber fleischlos mag, dem empfiehlt er die Kartoffeln im Meißener Lagerbierteig oder das feine Welsfilet, im 2000er Müller Thurgau pochiert. Edle Meißener Weine und Gutes aus anderen Anbaugebieten gibt es natürlich auch schoppenweise und in Flaschen. Ein Abend im Weinkeller wird zur vergnügten bacchantischen „Reise" entlang der Sächsischen Weinstraße.

HOTEL GOLDENER LÖWE

HEINRICHPLATZ 6
01662 MEISSEN

TELEFON   0 35 21 – 4 11 10
TELEFAX   0 35 21 – 4 11 14 44

GEÖFFNET:
GANZJÄHRIG TÄGLICH AB 11.30 UHR

Wer lieber unterhalb des Burgberges, mitten in Meißens Altstadt logieren möchte, ist gut im Hotel „Goldener Löwe" aufgehoben. Verwinkelte mittelalterliche Gassen, Treppen und Plätze, jahrhundertealte Bürgerhäuser mit kleinen Geschäften, Cafés und Weinkellern machen einen Besuch dieser über tausend Jahre alten Stadt so interessant. Mit Kaminfeuer und Kerzenschein setzt sich die romantische Stimmung im Restaurant des „Goldenen Löwen" fort. Das Haus am Heinrichplatz, 1657 erstmals urkundlich erwähnt, zeigt edles historisches

MERCURE ACCORHOTELS

ber. Oder Sie flanieren durch den Park, der sich mit seinem uralten Baumbestand zwischen Villa und Elbe schmiegt, und schauen den Radlern auf dem Elbradwanderweg zu. Am gegenüberliegenden Flussufer präsentiert sich mit Burg und Dom das schöne Panorama der Altstadt. Bei einem Glas Wein von den Grand Vine Mercure, nach strengen Kriterien ausgewählte Weine, oder bei einem Schoppen Meißner Wein, bei gebratenen Wachteln auf Linsengemüse und sächsischen Quarkkeulchen kann man den Tag dann genussvoll ausklingen lassen. Wird gegen Abend die Albrechtsburg mystisch illuminiert, dann werden die Kerzen im Restaurant angezündet. Das Mobiliar fügt sich elegant in die Jugendstilvilla ein und stimmt den Raum heiter. Die Kerzen, die Tischtücher, selbst die Blumen in der Vase sind farblich aufeinander abgestimmt. Die fein floral bemalte Decke, das cremefarbene Paneel – alles wirkt hier so zierlich und fein. Rundbögen, wie die Außenfassade mit farbig glasierten Klinkern verkleidet, teilen das Restaurant in mehrere kleine Räume. Dekorativ eingearbeitete Bleiglasfenster

MERCURE ACCORHOTELS

HAFENSTRASSE 27-31
01662 MEISSEN

TELEFON 0 35 21 – 7 22 50
TELEFAX 0 35 21 –72 29 04

Wollen Sie auf Geschäftsreise, zur Tagung oder auf einem Kulturtrip in die schöne Stadt Meißen, Wiege des Landes Sachsen, reisen, dann sollten Sie unbedingt auch eine Weile im Mercure Grand Hotel verweilen. Nach einem üppigen Frühstück können Sie einfach auf der Terrasse der Jugendstilvilla sitzen bleiben und den Schiffen auf der Elbe zusehen. Geruhsam wie der Fluss zieht an Ihnen der Tag vorü-

Fabrikantenvilla kann auf eine bewegte Geschichte zurückblicken. Die Fassade des 1870 erbauten Hauses wurde um die Jahrhundertwende im Auftrag vom Kommerzienrat Felix Ohm, Nachfolger des Meißner Glasuren- und Farbenfabrikanten Julius Bidtel, mit farbigen Klinkern verkleidet. Ein Jugendstilkleinod mit dem Zauber aus 1000 und einer Nacht. Selbst die Nutzung nach 1945 als sowjetische Kommandantur und Sitz von Firmenleitungen konnten den Charme der Villa nicht brechen. 1993 wurde das Haus sorgfältig restauriert und als Hotelanlage erweitert. Tagungsräume, ein Fitnessbereich mit Whirlpool und Sauna sind neu hinzugekommen. Die Ausstattung der Hotelräume mit Bildern und Fotos vom „Meissner Porzellan" ist eine Hommage an den Genius loci, denn

lassen Weinlaub und Trauben leuchten. Die unter Denkmalschutz stehende ehemalige

immer ist das Mercure Hotel auch ein Schlüssel zur Stadt.

Lammrücken unter der Kräuterkruste

Zutaten für 4 Personen

4 Lammrückenstränge ohne Knochen und Silberhaut (ca. 600 g)
200 g geriebenes altes Weißbrot
1 Ei
2 Knoblauchzehen
Thymian, Salz, Pfeffer, frisch gehackte Petersilie und Schnittlauch

Zubereitung

Für die Semmelkruste Semmelmehl, Butter, Ei, Gewürze und Kräuter vermengen, in Klarsichtfolie einrollen und kalt stellen. Den Lammrücken mit Salz und Pfeffer würzen, in heißem Olivenöl scharf anbraten, wenden, mit Scheiben von der Semmelkruste belegen und in den vorgeheizten Backofen bei 190°C ca. 6 Min. backen.
Aus Parüren, Knochen und Rostgemüse eine Jus ziehen und mit etwas Rotwein ablöschen.
Die Lammstücke unter dem Grill gratinieren bis die Kruste goldgelb ist. Dabei sollte das Fleisch innen rosa bleiben. Zum Schluss wird das Fleisch tranchiert, auf den Tellern angerichtet und mit Soße nappiert. Dazu passen am besten Speckbohnen und Petersilienkartoffeln.

ROMANTIK RESTAURANT VINCENZ RICHTER

schaftsgesellschaft ausgezeichnet. Der Wein Guide von Gaul Millaut zählt es zu den besten Weingütern Deutschlands. Den Empfehlungen des Sommeliers folgen sogleich die Tipps für die passenden Speisen. (Natürlich auch umgekehrt.) Wunderbar harmoniert der beschwingte rassige Kerner zum Flusszanderfilet, der fruchtige kräftige Dornfelder feuert den würzigen Moritzburger Junghirschrücken mit Waldbeerenjus und Schupfnudeln an, elegant gesellt sich der Riesling zum Fasanenbrüstchen. Zum Abschluss mit Käse passt bestens der kraftvolle Graubur-

ROMANTIK RESTAURANT VINCENZ RICHTER

An der Frauenkirche 12
01662 Meissen

Telefon   0 35 21 – 45 32 85
Telefax   0 35 21 – 45 37 63

Geöffnet:
Dienstag bis Freitag ab 16 Uhr
Samstag und Sonntag ab 12 Uhr
Sonntag nur bis 18 Uhr geöffnet

Bunt leuchtet das Dämmerlicht durch die Butzenscheiben und auf den Tischen brennt schon Kerzenlicht. Leise Musik mischt sich mit dem Klingen der Gläser. Willkommen in der berühmtesten Weinschänke Sachsens. Noch bevor man sich in der Vielfalt der Weinkarte verlieren kann, eilt der Kellner herbei und berät mit so viel Charme und Kompetenz, als wäre er der Winzer persönlich. Ein Eindruck, der nicht von ungefähr kommt, denn so mancher Tropfen auf der Karte stammt vom hauseigenen Rebberg. Darunter auch der patentierte Meißener Schieler. Das Weingut Vincenz Richter bewirtschaftet 7,5 Hektar Rebfläche in der Bestlage Meißener Kapitelberg. Im Jahr 2000 wurde es als einziges in Sachsen mit dem Zertifikat der deutschen Landwirt-

ROSA GEBRATENE FASANENBRUST
AUF RAHMWIRSING AN WACH-
HOLDERJUS, KAROTTENSCHLEIFCHEN,
GEBRATENEN PFIFFERLINGEN UND
KARTOFFELSCHNEE

Zutaten

4 Fasanenbrüste a 150 g
4 große Wirsingblätter
4 große Karotten
200 g frische Pfifferlinge
1 kg Kartoffeln
Salz, Pfeffer, Muskat
Sahne
Öl, Butter
Milch
1 Zwiebel, gewürfelt

Zubereitung

Fasanenbrust waschen, trocken tupfen, auf beiden Seiten kurz anbraten
mit Salz und Pfeffer würzen, warm
stellen.

Wirsingblätter waschen, in Salzwasser blanchieren, mit Eiswasser
abschrecken, dann in Streifen schneiden und mit etwas Öl anbraten.

Sahne auffüllen leicht köcheln
lassen, abschmecken.

Karotten schälen, blanchieren, in
dünne Streifenschneiden und daraus
Schleifchen formen.

Kartoffeln schälen, kochen, pürieren
und mit Butter und Milch zu einem
Mus glatt rühren, mit Salz, Pfeffer
und Muskat abschmecken.

gunder, der Traminer zur sächsischen Eier-
schecke und zum geeisten Stollen. Süß und
süffig so wie die Weincremes aus Meißener
Riesling ist auch der Rotweinkuchen. Es
gibt eben eine Art von Gastlichkeit, die man
nicht erfinden kann, die ist, so wie in diesem über 450 Jahre alten Haus am Fuß des
Meißener Dombergs, über eine sehr lange
Zeit gewachsen. Schon 1523 legte Meister
Valentin den Grundstein für das erste feste
Haus an dieser Stelle. 1873 kaufte Vincenz
Richter, Oberst der Königlich-Kaiserlichen
Armee, das Anwesen und gründete mit sei-
ner Gastwirtschaft die Tradition, die heute
von Helga und Gottfried Herrlich in vierter
Generation lebendig gehalten wird. Das war
sicher nicht immer leicht, denn Generation

Nummer drei, Ilse und Vincenz Anton
Richter, führten das Haus auch über die
weniger gastlichen DDR-Jahre. Schon vor
der Wende begannen Tochter und Schwiegersohn mit einer komplexen Sanierung
der Anlage. Nun kann man wieder in den
von den Ahnen in Porphyrfels gehauenen
Weinkeller steigen oder im romantischen
Weinhof träumen. Unterhaltsam sind die
Führungen in die „Folterkammer" voller
martialischer Instrumente. Vincenz Richter
I. war ein leidenschaftlicher Sammler von
Antiquitäten und Raritäten. Seine Säbel,
Helebarden, Zinngefäße und Bilder geben
der Wirtsstube ebenso wie das alte Mobiliar
eine unnachahmliche Gemütlichkeit.

FEINKOSTGESCHÄFT „ERNST SCHUMANN"

FEINKOSTGESCHÄFT
„ERNST SCHUMANN"

ELBSTRASSE 1
01622 MEISSEN

TELEFON   0 35 21 – 45 20 21
TELEFAX   0 35 21 – 40 40 21

GEÖFFNET: MONTAG BIS FREITAG
8-18 UHR
SAMSTAG 8.30-13 UHR

Ein Bild wie aus einem alten Kolonialwarenladen: Die zierliche Frau hinter dem Ladentisch trägt eine Schürze, die dunklen Haare sind hochgesteckt. Um an den Weinbrand heranzukommen, muss sie auf die Leiter steigen, die ist, ebenso wie die hohen Regale, fast hundert Jahre alt. Seit 1994 arbeitet Franziska Schlieter im ältesten Lebensmittelgeschäft von Meißen. Fünf Generationen zuvor hatte der Urgroßvater Ernst Schumann das Geschäft gegründet. In bester Lage, nur einen Steinwurf vom Marktplatz entfernt. Jeder der zwischen Elbufer und Dom flaniert, kommt daran vorbei.

Früher allerdings sah das Angebot etwas anders aus. In dem „Materialwarenladen" gab es Lebensmittel, Jagdmunition, Sämereien und Tabakwaren. Man konnte dort sogar Versicherungen abschließen. Sohn Otto erweiterte das Geschäft. Mit einem Angebot an heimischen Weinen und einer Kaffeerösterei war der Laden nun zum Begriff guten Geschmacks geworden. Mit unternehmerischen Elan gründete er auch einen Großhandel. Nach Ottos Tod führte die Ehefrau Johanna das Geschäft. Ihr Sohn Werner brachte das Familienunternehmen über die Rezession der 20er Jahre. 1934 wurde Werner Schumann Alleininhaber. Im gleichen Jahr erhielt der Laden sein heutiges Gesicht: Der Verkaufstresen mit zahllosen Schubfächern, Regale - alles aus massivem Holz - geben dem Geschäft nostalgisches Flair. Der Neuanfang nach dem Krieg in dem 1945 geplünderten und verwüsteten Laden gelang dank unbeirrbarer Zähigkeit und mit Hilfe fleißiger Mitarbeiter. Unter Hans Georg Schumann blieb das Kleinod auch in DDR-Jahren ein Privatgeschäft. Inzwischen hat er den Staffelstab an Tochter Franziska übergeben. Eigentlich hat sie Lebensmittelchemie studiert, doch frühe Kindheit und Familientradition prägen. Es gibt noch immer Zigarren und andere Tabakwaren in dem Laden hinter den Arkadenbögen. Doch statt auf Versicherungen wird in dem kleineren der beiden Ladenräume auf Lottoglück gesetzt. Harald Schlieter erinnert sich noch gerne an jenen Tag, an dem in seiner „Zigarrenkiste" ein Mann zum Millionär wurde.

Im Reich nebenan herrscht Franziska Schlieter über Marzipan, Bonbons und Schokolade. Sie leitet den Betrieb mit einer im Zeitalter der Supermärkte seltenen Herzlichkeit. Gemeinsam mit ihren Mitarbeitern bietet sie Hallorenkugeln, Knusperflocken, Konfitüren aus Zörbig, Meißner Honig und Bautzener Senf an. Zwischen den Regalen mit sächsischen Weinen, Sekten, Bränden und Kräuterlikören rät ein Spruch: „Hast Du Kummer mit die Deinen, trink Dich einen …". Natürlich kann man hier auch

ausgesuchte Markenprodukte kaufen: Kaffee, Cognac, Liköre und Süßigkeiten. Neben Pulsnitzer Lebkuchen und Wurzener Waffelblättchen liegt auch Lindt-Schokolade. Das Bemerkenswerte ist das Angebot vieler ostdeutsche Produkte kleinerer Hersteller, die in den großen Handelsketten kaum angeboten werden. Viele geschickte Hände zaubern hübsche Präsente. Wer etwas Besonderes sucht und in diesem Laden nichts findet, hat selber Schuld.

BIENENWIRTSCHAFT MEISSEN GMBH

streichzarte Blütenauswahl, mehrmals ausgezeichnet mit dem CMA-Spezialitätenpreis. Natürlich steht auch „Echter Deutscher Honig" zur Auswahl. Als GmbH gibt es die Bienwirtschaft Meißen seit 1991, als volkseigener Erfassungs- und Aufkaufbetrieb

(VEAB) wurde der Betrieb bereits nach dem Ende des Zweiten Weltkrieges gegründet. Meißen entwickelte sich im Laufe der Zeit zum größten, schließlich zum einzigen Abfüllbetrieb der ehemaligen DDR. In den 70er Jahren war der gesamte Honigaufkauf, der Honigimport, die Abfüllung und Belieferung der Großhandelsbetriebe in Meißen konzentriert. In Zeiten, in denen

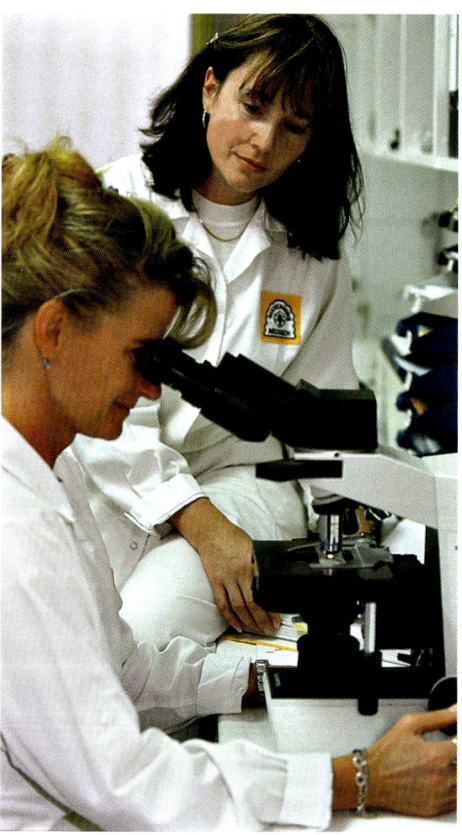

BIENENWIRTSCHAFT MEISSEN GMBH

JÄGERSTRASSE 2
01662 MEISSEN

TELEFON   0 35 21 – 4 61 60
TELEFAX   0 35 21 – 46 16 20
E-MAIL: VERTRIEB@BIENENWIRTSCHAFT.DE

Kein Volk isst so viel Honig wie das deutsche und damit das so bleibt, gibt es auch die Bienenwirtschaft in Meißen. Ein umfangreiches Sortiment kommt aus dem sächsischen Bienenkorb: dunkle Waldtracht, duftige Lindenblüte, liebliche Akazienblüte, feine Sonnenblume, helle Rapsblüte, goldklare Auslese und vieles andere mehr. Besonders beliebt bei den Kunden ist die

HONIG-PFANNKUCHEN

Zutaten

1,5 Tassen Milch
3 Tassen Weizenmehl
4 Eier, 3 EL Zucker
etwas Weinbrand
etwas Bratfett

Für die Füllung:

1 Tasse süße Sahne, 2 EL Honig,
3 EL Quark
1 TL Vanillezucker
50 g gequollene Rosinen
50 g süße Mandeln, gerieben
etwas Schokoladenpulver und
Pulverkaffee

Zubereitung

Milch, Mehl, Eier, Zucker und ein
Schuss Weinbrand zu einem dünnen
Teig mischen und in heißem Fett
backen. In die einzelnen Eierkuchen
gibt man die aus den Zutaten für
die Füllung gut verrührte Masse und
rollt den Teig ein. Die eingerollten
Pfannkuchen kann man noch mit
Marmelade bestreichen.

mehr Kunsthonig als echter Bienenhonig in den Regalen der ostdeutschen Läden stand, wurde Honig recht unterschiedlich auf die Bevölkerung verteilt: Die Rostocker bekamen 80 Gramm, die Berliner 800 Gramm pro Einwohner im Jahr zugeteilt. In der Bundesrepublik lag der Prokopfverbrauch zur gleichen Zeit bei etwa 1.600 g. Aufgrund der hohen Subventionierung wurden die Imker in der DDR bald fleißig wie die Bienchen. Um den steigenden Mengen des süßen klebrigen Saftes Herr werden zu können, wurde der Meißener Abfüllbetrieb 1988 mit Hilfe belgischer, holländischer, irländischer und westdeutscher Firmen grundlegend modernisiert. Damit hatte der Betrieb die besten technischen Voraussetzungen geschaffen, auch unter den Bedingungen der Marktwirtschaft bestehen zu können. Letztlich aber war das Jointventure mit der Münchener „Breitsamer & Ulrich GmbH" ausschlaggebend für die heutige Konkurrenzfähigkeit der Bienenwirtschaft Meissen GmbH. 42 Mitarbeiter haben auf dem neuen modernen Gelände der Firma Arbeit. Bis zu 4000 Tonnen Honig werden jährlich in Meißen verarbeitet. Meißener Honig gibt es in allen deutschen Handelsketten, vor allem aber,

der Historie geschuldet, in den neuen Bundesländern. Meißener Honig stammt heute noch zu einem Prozent von deutschen Imkern, der Rest kommt aus der weiten Welt. Im betriebseigenen Labor wird die Qualität geprüft, so geht kein süßes Goldtröpfchen ins Glas, das nicht der deutschen Honigverordnung entspricht.

WEINGUT SCHLOSS PROSCHWITZ PRINZ ZUR LIPPE

WEINGUT SCHLOSS PROSCHWITZ PRINZ ZUR LIPPE

DORFANGER 19
01665 ZADEL ÜBER MEISSEN

TELEFON   0 35 21 – 76 76 17
TELEFAX   0 35 21 – 76 76 76

DIE WEINSTUBE IST GEÖFFNET VON MONTAG
BIS SONNTAG VON 10-18 UHR

Adel verpflichtet. Dieses geflügelte Wort bewährt sich auch wieder östlich der Elbe und beweist sich auf Sachsens ältestem und größtem privaten Weingut. Traditionsbewusstsein fiel hier auf fruchtbaren Boden und hat Weine hervorgebracht, die die Fachwelt erstaunten. „Tusch für das Weingut Schloss Proschwitz", verkündete der englische Weinpapst Hugh Johnson. Die ideale Südexposition der Rebhänge mit zu sechs Meter dicken Löß- und Lehmschichtböden auf einem Untergrund aus rotem Granit geben den Weinen Eleganz, Finesse, viel Frucht und einen mineralischen langen Abgang. Als die zart nach Pfirsich und schwarzen Johannisbeeren duftende 1999er Scheurebe Kabinett bei einer Blindprobe von Sauvignon-Weinen, bei der von der Loire über die Steiermark bis nach Neuseeland die Besten der Welt vertreten waren, den zweiten Platz belegte, prophezeite der Berliner Tagesspiegel:" Dieser

Weißwein dürfte den endgültigen Aufstieg des Meißner Weinguts in die deutsche Spitze besiegeln". Die Proschwitzer Weine bewiesen, dass sie auch ohne jenen so

66

zusetzen. Die dafür notwendigen Investitionen waren erheblich. In den letzten zehn Jahren hat Prinz zur Lippe ca. sechs Millionen Euro für den Aufbau des Weinguts ausgegeben. Auf 55 Hektar Rebfläche gedeihen 13 verschiedene Rebsorten, zum großen Teil Grauburgunder und Müller-Thurgau, nach den Richtlinien des „kontrolliert umweltschonenden Weinbaus". Das Gras zwischen den Weinstöcken hält das Ökosystem im Gleichgewicht und macht das Spritzen so gut wie überflüssig. Als Dünger werden Kompost und Stallmist eingesetzt. Die Stöcke werden stark zurückgeschnitten, so dass der Ertrag niedrig und der Extraktgehalt der Trauben hoch ist. Ein großer Teil des Geldes floss in den Ausbau des neuen Weinkellers in Zadel. Hier wird in Edelstahltanks und in Barriques gekeltert. Bevor wir in der gemütlichen Weinstube in den Genuss der hochgelobten Proschwitzer Tropfen kommen, führt uns eine Sächsische Weinkönigin durch den 300 Jahre alten Vierseithof, den Prinz zur Lippe aus Ruinen wieder auferstehen ließ. Hier können auch die Proschwitzer Brände aus den Früchten der umliegenden Streuobstwiesen gekostet werden. 1998 entstand in Reichenbach die zum Weingut Proschwitz gehörende sächsische Obstbrennerei. Die hübschen Gästezimmer auf dem romantisch restaurierten Bauernhof laden ein, sich ein wenig länger mit der Weinkultur dieser Gegend zu beschäftigen. Wie entspannend ist die fünf Kilometer lange Wanderung durch die Weinberge zum alten Stammsitz der Familie zur Lippe. Das barocke Schloss Proschwitz, umgeben von einem englischen Landschaftspark, gibt einen schönen Rahmen für Hochzeiten, Konzerte und Empfänge. Bei den Degustationen der Weine

und Brände werden statt salopper Trinksprüche aufwendige Menus und tiefe Einblicke in die Proschwitzer Weinphilosophie geboten. Adel verpflichtet.

wohlmeinenden Ostbonus konkurrenzfähig sind. Inzwischen ist das Weingut als einziges in Sachsen Mitglied im Verband deutscher Prädikatsweingüter (VdP). Doch diese wunderbare Erfolgsstory hat natürlich eine Vorgeschichte. Damit es zu diesen aufsehenerregenden Ergebnissen kommen konnte, musste Georg Prinz zur Lippe zunächst sein Münchener Penthouse gegen einen verfallenen Schuppen in Proschwitz tauschen. Darin campierte er zunächst auf den Weinbergen seiner Vorfahren, die er dann Stück für Stück zurückkaufte und wieder aufrebte. Die Familie zur Lippe geht auf germanischen Adel zurück und wurde als landesherrliche Familie erstmals zu Beginn des 12. Jahrhunderts erwähnt. Die Vorfahren von Georg Prinz zur Lippe wanderten von Detmold in das Sachsen August des Starken und widmeten sich der Kultivierung des heute über 800 Jahre alten Weinanbaugebiets bis die Familie 1945 enteignet wurde. Nach dem Fall der Mauer erkundete der Unternehmens-berater Dr. Georg Prinz zur Lippe die Heimat seiner Vorfahren und beschloss, das Werk seines Vater fort-

LEHMANN'S SEUSSLITZER WEINSTUBEN

und Histörchen über das Leben an der Sächsischen Weinstraße. Joachim Lehmann, Jahrgang 1936, ist Seußlitzer Urgestein. 1931 erwarb sein Vater, ein Reichsbahnbeamter, das Haus und begann mit Hilfe des Landwirtschaftsrats Pfeiffer, einem verdienstvollen Wegbereiter der Wiederaufrebung des Jahre zuvor von der Reblaus vernichteten Weinanbaubietes, die Hänge hinter dem Haus aufzureben. Dabei favorisierte er die Qualitätsrebsorten Rießling, Weißburgunder und Traminer. Joachim Lehmann lernte zunächst Dekorationsmaler, denn vom Weinanbau allein konnte man damals nicht leben. Doch schon bald begann er eine zweite Lehre in der Sächsischen Winzergenossenschaft. Die Ausbildung war gründlich. Sein Lehrer stammte aus Nordböhmen, jenem Landstrich, den die Zisterziensermönche fast zur gleichen Zeit wie die Gegend hier an der Elbe mit Weinbau kultivierten. In der Ausbildung lernte er auch seine Frau kennen. Nun ist er seit beinahe 50 Jahren mit Waltraud und dem Weinberg verheiratet. Dabei hat er alle

Die schmale Straße führt zwischen steilen Weinhängen und Elbe in das Weindorf Diesbar-Seußlitz. Weinfässer am Wegrand legen die Spur zu Gastwirtschaften und Weinstuben. Eine der traditionsreichsten ist das kleine weiße Haus aus dem 16. Jahrhundert, nur wenige Schritte vom Flussufer entfernt. In seinem Rücken schwingen sich Rebhänge himmelwärts. Gäste sitzen in der Wirtsstube oder im Weingarten unter den großen Kastanien. Auf ihren Tellern dampfen Seußlitzer Weinnudeln, Schnitzel oder Schweinelendchen. Mancher begnügt sich mit Fettbemmchen und warmen Zwiebelkuchen, denn der kulinarische Hauptheld ist hier der Wein. Winzern wie Joachim Lehmann ist es zu verdanken, wenn der sächsische Wein bald in aller Munde ist. Seine Weine, die an der nördlichsten Anbaugrenze der Weinstraße wachsen, zeichnen sich durch besonders feine Bukettstoffe aus, sie sind verhältnismäßig säurereich und bei geringem Alkoholgehalt harmonisch und gut bekömmlich. Wenn man Glück hat, gesellt sich der Winzer mit einem Glas Wein dazu und erzählt Historie

LEHMANN'S SEUSSLITZER WEINSTUBEN

AN DER WEINSTRASSE 26
01612 DIESBAR-SEUSSLITZ

TELEFON   03 52 67 - 5 02 36
TELEFAX   03 52 67 - 5 02 36

GEÖFFNET: IM SOMMER AB 12 UHR, IM WINTER MONTAG BIS FREITAG AB 17 UHR, SAMSTAG UND SONNTAG AB 12 UHR. RUHETAG DONNERSTAG

ZWIEBELKUCHEN

Hefeteig

500 g Mehl
50 g Butter
Salz, Zucker
1/4 Liter Milch

Für den Belag

1 kg Zwiebeln, klein geschnitten
300 g Speck, gewürfelt
1 Becher Schmand
Salz, Pfeffer, Kümmel
5 Eier, 100 g Stärkemehl

Aus den Zutaten einen Hefeteig herstellen und auf einem Backblech ausrollen.
Für den Belag alle Zutaten vermengen, auf den Teig geben und etwa 45 Min. goldgelb backen.
Dazu empfehlen wir Weißburgunder oder Riesling.

Höhen und Tiefen des Weinbaus auf der Höhe des 51. Breitengrades miterlebt. Wie er zur DDR-Zeit die 200 Reben des vollmundigen, tiefroten Zweigelt über die Grenze am Zoll vorbeischmuggelte, bleibt sein Geheimnis. Heute ist sein fruchtiger 99er Seußlitzer Heinrichsburg Blauer Zweigelt eine Rarität.

Lehmann's
Weinstuben & Hotel

Hier hält man an
und trinkt einmal,
und fährt dann froh
über Berg und Tal.

SCHLOSSKELLER KULTURZENTRUM GROSSENHAIN GMBH

bekam wieder Zwischendecken und ein Dach. Deutlich lassen Farbunterschiede neues und altes Mauerwerk voneinander unterscheiden. Die liebvolle, doch unsentimentale Rekonstruktion will nicht darüber hinwegtäuschen, dass es sich hier um eine ehemalige Ruine handelt. Auch die Innenraumgestaltung ist höchst spannend. Hier wurde viel Raum für Kunst, Kultur, Tagungen und Veranstaltungen aller Art geschaffen. Warme Farben und Holz beleben die steinsichtigen Wände. Das langgestreckte Gewölbe des Schlosskellers, noch aus der Zeit um 1540, ist eine geräumige, archaisch anmutende Höhle, die

SCHLOSSKELLER KULTURZENTRUM GROSSENHAIN GMBH

SCHLOSSPLATZ 1
01558 GROSSENHAIN

TELEFON   0 35 22 – 50 55 55
TELEFAX   0 35 22 – 50 55 56

GEÖFFNET: MONTAG BIS FREITAG
17-23 UHR, SAMSTAG 11-24 UHR
SONNTAG 11-22 UHR
RUHETAG DIENSTAG

Der Schlossplatz von Großenhain war lange ein trauriger Anblick, die alte Burg - ein überwuchertes Architekturgerippe, umgeben von Industriebauten des 19. und 20. Jahrhunderts.

Dann aber, mit der Sächsischen Landesgartenschau 2002, kam die große Chance, denn deren etwa 17 Hektar großer Kernbereich umfasste auch den Bereich der Schlossruine. Die Fabriken wurden abgerissen und der alte Schlossgraben mit der aus dem 13. Jahrhundert stammenden Schlossbrücke freigelegt. Aus einem ehemals verrotteten Gelände am Rand der Altstadt entstand so ein modernes Kulturzentrum. Der Bergfried, ein mittelalterlicher Wehrturm, wurde wieder zum markanten Wahrzeichen. Die hochaufragenden meterdicken Bruchsteinwände mit Rundbogenfenstern und Fragmenten mediterraner Ornamentik wurden aufgemauert, der lang gestreckte, sakral anmutende viergeschossige Innenraum

SCHLOSSROLLE

Zutaten für 6 Personen – als Vorspeise

Für den Eierkuchen:

150 g Mehl

100 ml Milch

2 Eier

1 Prise Salz

frische Kräuter nach Bedarf

Für den Belag

100 g Meerrettich

100 g Seelachsschnitzel

Zubereitung

Alle Zutaten für den Eierkuchen zu
einem dickflüssigen Teig verrühren.
Bratfett in einem Tiegel erhitzen und
jeweils eine Kelle Teig hineingeben.
Von beiden Seiten goldgelb backen
und anschließend 1-2 Stunden auskühlen lassen.
Nun Meerrettich und Seelachsschnitzel verrühren und den Eierkuchen
damit bestreichen. Mit 2 Scheiben
Räucherlachs belegen und fest zusammenrollen. Die Rolle in Frisch-
haltefolie wickeln und über Nacht
im Kühlschrank aufbewahren.
Vor dem Servieren die Rolle in
Scheiben schneiden.

gut die Nüchternheit der minimalistischen
Möblierung verträgt. Metallene Stablampen
über den Tischen und winzige Strahler an
den Wänden geben warmes Licht. Gekocht
wird hier leichte moderne und gutbürgerliche Küche. Man hat sich auf Gäste aller
Altersstufen eingestellt. Das Wildschweingulasch „Diana" mit Preiselbeersahne und
Ananasrotkohl ist ebenso beliebt wie die

„Schlossrolle". Was sich dahinter verbirgt,
verrät unser Rezept.
Auf der Weinkarte begegnet man Namen
bekannter sächsischer Winzer wie Joachim
Lehmann aus Diesbar-Seußlitz und Vincenz
Richter aus Meißen, aber auch die Region
der Partnerstadt im Württenbergischen ist
dort mit ihren Weinen präsent.

SCHLOSSRESTAURANT BAROCKSCHLOSS RAMMENAU

SCHLOSSRESTAURANT
BAROCKSCHLOSS RAMMENAU

AM SCHLOSS 4
01877 RAMMENAU

TELEFON   0 35 94 – 70 30 65
TELEFAX   0 35 94 – 70 31 60

GEÖFFNET: TÄGLICH AB 11.30 UHR

Blaurosa Flämmchen kleiner Ölfeuer markieren den Weg ins Schloss. Durch die hohen Fenster dringt Musik. Walzerklänge. Alt und Jung tanzt im Gartensaal. Wie einst. Die Walzernächte auf Schloss Rammenau erinnern an die schönsten Tage längst vergangener Jahre, als man noch zur herbstlichen Ballsaison auf das Schloss lud. Es war der Kammerherr Ernst Ferdinand von Knoch, der diese stattliche Anlage am Rand der Oberlausitzer Teichgebiete 1721 bis 1737 erbauen ließ. Heute ist sie Eigentum des Freistaates Sachsen, der viel Geld für die Restaurierung der schönen Landbarockanlage zwischen Bautzen und Dresden ausgegeben hat. Das elegante Treppenhaus mit seinen illusionistischen Wandbildern, der prunkvolle Spiegelsaal, das Pompejianische Zimmer und viele Räume mehr in der Beletage wurden Museum. In der Schlossküche aber wird wie in der guten alten Zeit wieder gekocht. Wenn auch die einstige Feuerstelle längst einem modernen Herd gewichen ist, die Speisen blieben fürstlich. Die Zeremonienmeister jener eingangs erwähnten Ballnacht, Wolfram Spiller und Johannes Haenchen, sind im alltäglichen Leben die Geschäftsführer des Restaurants mit historischem Ambiente. Man speist im Kornblumen- und Vogelzimmer, im Gartensaal und auf der Terrasse. Stets auf der Suche nach Besonderem, überraschen die beiden ihre Gäste auch hier immer wieder mit originellen

Ideen. Kürzlich erfanden sie sogar ihren eigenen Senf: „Italienische Art" mit Kräutern und Balsamicoessig, „Ungarische Art" mit Paprika und Tomate und „Sächsische Art" mit Majoran und Kümmel. Senf des Jahres 2002 ist der Honig-Sesam-Senf. Nun kann man ein komplettes Senfmenu bestellen. Da wird Salat mit Honig-Sesam-Senf-Dressing verfeinert, feines Ragout von Red-Snapper- und Lachsfilet kommt mit Senfrahm auf den Tisch und die Tournedos vom argentinischen Weiderind stecken unter würziger Senfkruste. Einen ebenbürtigen Abschluss bilden die marinierten Früchten

in Riesling-Senf-Sirup. Neben den Spezialitäten des Hauses kann man aber auch unter vielen Gerichten gehobener internationaler Küche wählen. Da wird am Tisch das Chateaubriand flambiert und tranchiert; auch das Crêpes Suzette, vor den Augen der Gäste entzündet, ist nicht nur eine heiße, sondern auch eine köstliche Sache.

ROSA GEBRATENES LAMMCARREE UNTER HONIG-SESAM-SENFKRUSTE, VON RAMMENAUER SCHLOSSSENF AUF HONIGWEINJUS, SERVIERT MIT FRANZÖSISCHEM PFLAUMENGEMÜSE

Zutaten für 4 Personen

4 Lammcarree a 350 g
Olivenöl, 30g Butter, 30 g Sesamsaat
200 ml Sahne, Salz, Pfeffer

Honig-Sesam-Senf

100 ml Rammenauer Honig-Sesam-Senf
40 g Butter, 40 g Semmelmehl
Salz, Pfeffer

Französisches Pfannengemüse

150 g Zwiebelwürfel

150 g Champignonscheiben
150 g Zucchiniwürfel
150 g Auberginenwürfel
150 g Tomatenwürfel ohne
Kerngehäuse
50 ml Olivenöl, 1 Zucchini, 80 g
Mozarella

Zubereitung

Das Lammcarree von Sehnen und Fett befreien, mit Pfeffer und Salz würzen. Danach von allen Seiten in der Pfanne kräftig anbraten, dann bei milder Hitze und ständigem Übergießen braten bis es fast rosafarben ist (bei Druckprobe federt die Druckstelle zurück).
Für die Honig-Sesam-Senf-Kruste die Butter schaumig schlagen, den Senf und das Semmelmehl unterheben. Lammcarree aus der Pfanne nehmen, mit der Kruste bestreichen und im Salamander überbacken.
Für das Französische Pfannengemüse Pfanne mit dem Olivenöl erhitzen und der Rezeptreihe nach alle 2 Min. eine Zutat hinzugeben, das Pfannengemüse dabei ständig wenden. Die Gewürze hinzugeben und abschmecken.
Die gefüllten Zucchini mit Mozarella belegen und im Backofen bei 180°C 3 Min. backen.
Gut schmecken zu diesem Gericht Spritzkartoffeln.

Wer dem Verlauf der Müglitz flussauf-
wärts folgt, wird hinter einer Flussbiegung
plötzlich das Schloss Weesenstein sehen.
Welch ein überraschender Anblick. Mehrere
Stockwerke hoch ist das bereits um 1300
gegründete Schloss. Das ganze Anwesen ist
mit dem Gestein verschmolzen, es bestimmt
wesentlich die Architektur. Der Keller befindet sich im dritten, der Pferdestall im sieb-
ten Geschoss. Auf einem schmalen hohen
Felssporn gelegen, wurde das Bauwerk über
die Jahrhunderte von oben nach unten
erbaut. Mit jedem neuen Bau rutschte man
einfach den Felsen ein Stück tiefer, auf
diese Weise war im 18. Jahrhundert die
Talsole erreicht.

Weesenstein, ein von bewaldeten Berghän-
gen umschlossener Ort im engen Tal der
Müglitz, war bislang nur wenigen bekannt.
Traurige Berühmtheit erlangte es erst mit
der Flutkatastrophe. Menschen verloren
damals ihr Leben, Häuser wurden zerstört
und uralte Bäume im Schlosspark entwur-
zelt. Auch die beiden Esel des Weesensteiner Braumeisters hatte das Wasser samt
Stall und Weide mitgerissen. Der schon vor
langer Zeit regulierte Fluss suchte sich
gewaltsam sein altes Bett und schwemmte
für einen Moment viele Hoffnungen der

Bewohner fort. Nun aber ist der Ort zu neuem Leben erwacht. Das prächtige Renaissanceportal des Schlosses steht den Besuchern längst wieder offen. Der Braumeister braut wieder sein ganz besonderes Bier, Gambrinus und Walhalla, die neuen Brauesel, ziehen wieder den Karren und in der Schlossküche duftet es aus Tiegeln und Pfannen.

Das Schlossmuseum zeigt fürstliche Wohnkultur des 18. und 19. Jahrhunderts. In den Gewölben und Sälen der alten Burg erfährt man viel über die Baugeschichte dieses Schlosses, das zu den schönsten in Sachsen gehört.

SCHLOSSBRAUEREI WEESENSTEIN

vordern hatten Anfang des 16. Jahrhunderts im oberen Teil des Schlosses eine Brauerei eingerichtet. 1863 wurde dort das letzte Bier gebraut. Im August 1999 erweckte Uli Betsch die gute alte Tradition des Bierbrauens auf Weesenstein zu neuem Leben. Im Braukeller steht das Sudwerk. Zum Würzekochen gibt Uli Betsch Doldenhopfen hinzu, dann folgt eine kalte Gärung. Nach vier Wochen Lagerzeit wird das sogenannte Keller- oder Zwickelbier unfiltriert aus dem Holzfass gezapft. Nun kann man es in der Schankstube nach allen Regeln der Bierkunst aus Tonkrügen trinken. Dazu spielt der gesellige Braumeister auf seiner Flöte oder auf dem Dudelsack. Jeden Mittwoch ist Live-Musik mit historischen Liedern und Balladen angesagt. Zur ursprünglichen Biergemütlichkeit gehört natürlich auch ein besonderes Essen. Gulasch im Brotlaib etwa oder Schweinekeulen mit Bierkraut. Einmal im Monat wird im kleinen Biergarten auf dem Söller Wildschwein am Spieß gegrillt. Deftig schmeckt auch die Braumeistersülze mit hauseigenem Bieressig und köstlich ist hinterher ein Weesensteiner Bierlikör. Dieser Ort, an dem auch die Sächsische Hopfenkönigin gekrönt wird, ist ein echter Geheimtipp für einen ganz besonderen Biergenuss.

SCHLOSSBRAUEREI WEESENSTEIN

AM SCHLOSSBERG 1
01809 MÜGLITZTAL/WEESENSTEIN

TELEFON   03 50 27 – 4 20 04
TELEFAX   03 50 27 – 4 20 05

GEÖFFNET: APRIL BIS NOVEMBER DIENSTAG BIS FREITAG 12-24 UHR, SAMSTAG UND SONNTAG 11-24 UHR; NOVEMBER BIS APRIL DIENSTAG BIS FREITAG 18-24 UHR, SAMSTAG UND SONNTAG 11-24 UHR, RUHETAG: MONTAG

ℬier braucht Tradition, sagte sich der junge Braumeister Uli Betsch und räumte seinen Schreibtisch in einer größeren süddeutschen Brauerei, um hier, mitten in den sächsischen Wäldern, hinter dicken Schlossmauern nach gut gehüteten Rezepten das einzigartige „Weesensteiner Original" zu brauen. Gerste und Hopfen aus heimischem Anbau geben ein bernsteinfarbenes kräftiges Bier mit 12,6 Prozent Stammwürze und 4,8 Prozent Alkohol. Mit seinem Eselskarren holt der Braumeister die Säcke voller Malzschrot aus der noch mit Wasserkraft betriebenen Mühle am Fuße des Schlossbergs. Ein Bild wie aus alten Zeiten. Schon die Vor-

KÖNIGLICHE SCHLOSSKÜCHE

Hofküche in die früheren Brauhausräume befahl. Nicht ohne ausdrücklich darauf hinzuweisen, dass der Umbau unter „Einhaltung thunlichster Ersparnisse an den Anschlagsummen" erfolgen soll. So blieben der alte Spülstein und die Herdstelle einfach stehen. Neu eingebaut wurde aber die Koch-, Back- und Bratmaschine, die man in einer Nachbildung sehen kann. Wenn heute noch zu besonderen Anlässen auf dem alten Herd gekocht wird, ist das ein spannendes Schauspiel. Normalerweise entstehen die Gerichte inzwischen in einer modernen Küche. Dabei wird eher gutbürgerlich gekocht, auch wenn im Lokal symbolisch immer ein Platz für König Johann von Sachsen reserviert bleibt, der vieles auf Weesenstein verändern ließ, so auch den Ort der Schlossküche. Aufgetischt werden der Weesensteiner Gemüsetopf, eine Kraftbrühe mit Gemüsen der Saison, Schinken und Teigtaschen oder Sächsischer Sauerbraten mit Rosinen und Kartoffelklößen. Brennend kommt der Schlossspieß „Weesenstein" mit Putenfilet, Rindsrücken und Kasseler Rippenspeer auf den Tisch. Rotbarsch in der Kartoffelkruste und Wildschwein werden in der Küche zwar gegart, dann aber effekt-voll noch einmal in den Backofen des Restaurants geschoben. Wunderbar duftet der Bratapfel im historischen Ofenrohr.

Ein alter Holzfeuerherd unter schwerem Gewölbe, blitzblanke Pfannen, Töpfe, Tiegel und Backformen aus Kupfer an den Wän-

den – so sehen Schlossküchen eigentlich nur noch im Märchenbuch aus. Gleich wird der Koch seinem Lehrling eine Watsche geben und der Zauber der bösen Fee legt das Dornröschenschloss in hundertjährigen Schlaf. Ganz so lange blieb es in der Schlossküche von Weesenstein allerdings nicht still. Man schrieb das Jahr 1864 als der Schlossverwalter die Verlegung der

KÖNIGLICHE SCHLOSSKÜCHE

AM SCHLOSSBERG 1
01809 WEESENSTEIN

TELEFON   03 50 27 – 6 24 18
TELEFAX   03 50 27 – 6 24 11

Leipzig hat einen guten Namen als Messe- und Musikstadt. Auch Boomtown des Ostens wird die Metropole genannt. Porsche und BMW bauen hier ihre neuen Werke. Die Messehalle ist ein futuristischer Architekturtraum aus Glas. Ihr geistiges Fluidum verdankt die mit nahezu 33 000 Studenten junge Stadt auch altehrwürdigen Größen wie Goethe, Schumann und Bach. Doch Leipzig kulinarisch? Diese Seite ist vielen noch unbekannt. Dabei hat gerade dieses Kapitel eine lange Historie. Goethe zechte in Auerbachs Keller und dichtete die „Ode an den Kuchenbäcker Händel"; Bach schrieb die „Kaffeekantate", das Hohelied auf eine ursächsische Leidenschaft. Georg Philipp Telemann musizierte in Leipzigs Kaffeehäusern und Schiller schrieb hier seine „Ode an die Freude". Vielleicht hat er dabei an die „Leipziger Lerche" gedacht. Damit ist keine süße Sopranette gemeint, sondern der mit Kräutern und Eiern gebackene Vogel, bis 1876 mit Vorliebe zu Sauerkraut oder im Speckmantel serviert. Nach dem Verbot des Verzehrs echter Lerchen entschädigte ein gewitzter Leipziger Bäcker die betrübten Gourmets mit einem Leckerbissen aus ofenfrischen Mürbeteig, Mandeln, Nüssen und Erdbeerkonfitüre oder Marzipan in Form des Singvogels und nannte die Delikatesse „Leipziger Lerche". Heute bekommt man sie wieder in vielen Konditoreien zu kaufen. Natürlich auch im „Coffe Baum" in der Kleinen Fleischergasse, dem neben dem Pariser „Café Procope" ältesten Kaffeehaus Europas. Hinter der schmucken weißen Fassade schlürften berühmte Leute ihr „Schälchen Heeßen". Der Literaturprofessor Johann Christoph Gottsched ging hier eben so ein

Ein Schälchen Heesen auf dem Drallewatsch –

Irish-Pubs und asiatische Küchen. Kneipen-Hopping ist angesagt, denn man sollte keinesfalls den „Thüringer Hof" in der Burgstraße verpassen, der 1454 gegründet und somit Leipzigs ältestes Gasthaus ist. Hier genoss schon Martin Luther irdische Freuden. Historisches Flair auch am

und aus wie der Dichter E.T.A. Hoffmann, der Maler Max Klinger und der Komponist Richard Wagner. Auch Goethe, Lessing, Bach und Grieg waren oft zu Gast. Im Parterre, im heutigen Schumannzimmer, traf sich der Komponist mit Freunden zum Stammtisch. Sogar Revolutionäre wie Robert Blum, Karl Liebknecht und August Bebel etablierten hier ihr zweites Wohnzimmer. 1990 diskutierten Helmut Kohl und Lothar de Maizière im „Coffe Baum" über die Chancen der deutschen Einheit. Robert Schumann hatte einst nach durchzechter Nacht notiert: „Kaffeebaum. Wirtshäuser sind die eigentlichen Orte, wo man seine Leute ken-

nen lernen kann". Wohl wahr. Das „Coffe Baum" liegt inmitten der Leipziger Kneipenmeile „Drallewatsch". Welch ein turbulentes Treiben. Mehr als dreißig Gaststätten bilden das sogenannte „Bermuda-Dreieck", das viele „Verschollene" kennt. Wenn andere Städte schlafen gehen, erwacht das Leipziger Nachtleben. Durch die historischen Gassen drängen sich Einheimische und Touristen dicht an dicht und die zahllosen Stühle der Bars, Kneipen und Gaststätten vermischen sich auf dem Trottoire zu einem bunten Allerlei. Die Vielfalt der Küchen in der nur 0,8 Quadratkilometer großen Innenstadt ist erstaunlich. Da findet man neben traditionsreichen sächsischen Gasthäusern wie Zill`s Tunnel und Bartels Hof (bereits seit 1497 Gasthof), italienische Ristorante,

Naschmarkt hinter dem Alten Rathaus. In der Alten Handelsbörse von 1687 schlossen in frühen Messezeiten die Kaufleute ihre Verträge ab. Davor steht lässig Goethe als Standbild und schaut zum Ort seiner Jugendsünden. Von "Auerbachs Keller" in der Mädlerpassage hat vermutlich jeder schon einmal gehört. Der alte Fasskeller ist Schauplatz der Fassrittszene in Goethes „Faust". Seitdem der oberpfälzische Mediziner und Rektor der Leipziger Universität, Heinrich Stromer von Auerbach, hier im Jahre 1525 den ersten Wein ausschenkte, haben Millionen von Gästen diese Stätte besucht. Schon zu Goethes Zeiten pflegte man zu sagen: „Wer nach Leipzig zur Messe gereist,/Ohne auf Auerbachs Hof zu gehen,/der schweige still, denn das beweist,/Er hat Leipzig nicht gesehen."

Restaurant Schillerstuben

Restaurant Schillerstuben

Herderstrasse 26
04435 Schkeuditz

Telefon   03 42 04 - 1 47 16
Telefax   03 42 04 - 1 47 16

Geöffnet ab 17.30 Uhr
Ruhetag Sonntag

Kochen war schon immer die Leidenschaft von Miroslav Drahokoupil, doch erst seit 1996 betreibt der gebürtige Prager, der viele Jahre für Relais Château tätig war, zusammen mit seiner Frau Claudia ein eigenes Restaurant in Leipzig. 1999 zogen sie von der Schkeuditzer Schillerstraße in die Herderstraße. Die „Schillerstuben" waren da bereits ein Begriff. Inzwischen hat der gelernte Restaurantfachmann und Sommelier sein Haus an die 6. Stelle der Restaurant-Hitliste Sachsen 2002 gekocht. Er gilt als einer der Shooting-Stars dieses Jahres. Der Feinschmecker verlieh ihm zwei F-Punkte, der Bertelsmann eine Haube, hinzu kam die Höherbewertung des „Bib" im Michelin. Lobt der Rote Michelin-Führer vor allem „die sehr gute...Küche zu einem besonders günstigen Preis/Leistungsver-

hältnis", schwärmt der Gault Millau von einer „gut aufgebauten internationalen Weinkarte". Dabei liegen die Schillerstuben versteckt in einem Wohnviertel, unweit des Autobahnknotenpunktes Schkeuditzer Kreuz. In diese Gegend Leipzigs kommt kein Gast zufällig. Doch Gutes spricht sich her-

um und so mancher unterbricht gern für eine Weile seine Reise, um in die freundliche Villa aus den 1920er Jahren mit den grünen Fensterläden und roten Geranien einzukehren. So trifft man in dem mit italienischen Kirschholzmöbeln behaglich aus-

gestatteten Restaurant Leipziger ebenso wie Münchner und Berliner. In die gute Stube der Gourmandie passen 35 Gäste, es empfiehlt sich also vorher Platz an einen der sieben Tische zu reservieren. Im Sommer sitzen die Gäste auch gerne auf der Terrasse im Innenhof, dann ist hier ein Rosé wie der Cotes du Ventoux 2001 aus der Provence ein idealer Begleiter. Nur wer ausschließlich böhmische Küche erwartet, wird enttäuscht sein. Zwar gibt es auch Knödel, doch die kulinarische Richtung führt auch ans Mittelmeer. Vor allem aber wird auf gute Produkte Wert gelegt. Frische Trüffel gibt es beispielsweise zu sautierter Kaninchenleber; wird gute Gänsestopfleber angeboten, zögert der Hausherr und Küchenchef nicht lange und serviert sie zum Abend vielleicht mit Apfel-Ingwer-Chutney. Auch die Wahl der Gemüse richtet sich vor allem nach dem, was es frisch auf den Märkten gibt. Der Herbst verführt beispielsweise zu köstlichen, in Butter geschmelzten Pfifferlingsnocken und Kürbiscremesuppe mit Hagebuttenmark. Die Kräuter stammen sogar aus dem eigenen Garten.

LASAGNETTE VON ZWIEBELN UND LAUCH MIT SEETEUFEL UND SOMMERTRÜFFEL

Zutaten für 4 Personen

Für den Teig: 80 g Mehl, 1 kl. Ei, 1 El Olivenöl, 1 El Wasser, 1 Prise Salz
Für das Zwiebel-Lauchgemüse:
4 Scheiben Schinkenspeck ohne Fett, 1 El Butter, 4 El Olivenöl, 2 Zwiebeln, 2 Stangen Lauch (Porree, nur der weiße Teil), 1 Becher Creme fraiche, 5 gr. Sommertrüffel, Trüffeljus, Kalbsfond, Trüffelbalsamico, Schwarze Trüffelpaste, Portwein, Ahornsirup, 12 Scheiben Seeteufel

Zubereitung

Für die Pasta alle Zutaten verkneten, mit einem Nudelholz dünn ausrollen und runde Platten ausstechen. Für roten Teig zum Ei 1 Tl Tomatenmark zugeben und gut verschlagen, bevor man es zum Mehl gibt. Für schwarzen Teig vermischt man das Ei mit einem Tütchen Tintenfischtinte.
Den Schinkenspeck blanchieren, in kleine Würfel schneiden und in der Pfanne kurz rösten.
Zwiebel und Lauch in feine Ringe schneiden und in Butter und Olivenöl bei mäßiger Hitze ca. 15 Min. anschwitzen. Creme fraiche und gehobelten Trüffel zugeben und alle Zutaten zu einer kräftigen Jus reduzieren lassen. Nun durch ein Haarsieb passieren und evt. mit Küchenkrepp entfetten.
Die Seeteufel-Scheiben in Butterschmalz saftig anbraten und etwas ruhen lassen.
Jeweils 4 Lasagneblätter 3 Min. in kochendem Wasser garen, abtropfen und auf dem Teller abwechselnd mit Zwiebelgemüse und Seeteufel anrichten. Mit Trüffeljus nappieren und nach Geschmack und Geldbeutel frische Sommertrüffel darüber hobeln.

VICTOR'S RESIDENZ HOTEL

schwung dieser Zeit findet sich auch in vielen Details des stilgerecht neugestalteten Innenraums. Er bestimmt den feinen Bogen der Marmortreppe und den Rhythmus der Glasmalereien im Foyer. Lage und Luxusausstattung haben dem Vier-Sterne-Hotel bereits viele prominente Gäste beschert. Hier logierten Politiker und Dichter wie Heiner Geißler und Günter Grass. Der gute Ruf des Hotels begründet sich aber auch auf dem erstklassigen Service des um Direktorin Sabine Kalinke engagierten Teams. In Victor's Welt geht die Liebe zum Gast auch durch den Magen. Ein guter Tag beginnt hier mit einem so reichhaltigen wie gesunden Frühstück. Kaffeeduft mischt sich mit dem Aroma frisch gepresster Orangen. Mittags lässt der Küchenmeister Markus Wende im lichtdurchfluteten Restaurant im Brasserie-Stil eine leicht mediterrane Küche auftragen, die auf frische und hochwertige Produkte setzt. Wie hier gekocht wird, kann wer will, durch die großen Scheiben der Schau-Küche verfolgen. Es gibt nichts zu verbergen. Im Gegenteil, die sächsisch-bayrischen Schmankerln, die auch in der rustikaler ausstaffierten Victor's Stube gereicht werden, sind schon in der Pfanne ein köstlicher Anblick. Der sächsische Sauerbraten und das Leipziger Allerlei nach altem Rezept gehören ebenso zum Repertoire wie der Rücken vom Bayernwaldreh; die sächsischen Quarkkeulchen konkurrieren mit dem Münchener Apfelstrudel. Der Leipziger Markus Wende ist an den Küchenherden

BEST **W**ESTERN
VICTOR'S **R**ESIDENZ **H**OTEL

GEORGIRING 13
04103 LEIPZIG

TELEFON   03 41 – 6 86 60
TELEFAX   03 41 – 6 86 68 99

GEÖFFNET 10-18 UHR KLEINE KARTE
18-22 UHR ABENDKARTE

Messing, Marmor und Mahagoni - im Victor's erfährt der Jugendstil edelste Renaissance. Das einst als Hotel Continental berühmte Haus wurde 1908 bis 1911 nach Plänen des Architekten Hensel als Dominante am Ring erbaut. Es gilt als eines der ersten Stahlbau-Skelettbauten Europas. Direkt am Puls der Messestadt gelegen, nur wenige Schritte vom Altstadtzentrum und vom gläsernen Hauptbahnhof entfernt, grüßt es seit dem Jahr 2000 als Residenzhotel mit sorgfältig restaurierter Jugendstilfassade seine Gäste. Der elegante Linien-

der Feinschmecker mit Mittelmeer-Impressionen von Salaten und Gemüse der Saison oder mit Rehrückenmedaillon unter der Trüffelhaube an Wacholderjus. Für ein süßes Ende sorgt ein hausgemachtes Mousse au chocolat mit kandierten Früchten.

seiner Vorfahren, die schon in großen Hotels gearbeitet haben, aufgewachsen. Heute reist er mit Vorliebe in den Süden. Wieder daheim überzeugt er die Gaumen

ZANDERFILET UNTER DER KARTOFFELKRUSTE AN ORIGINAL „LEIPZIGER ALLERLEI"

Zutaten für 4 Personen

480 g Zanderfilet, Meersalz, frisch gemahlener Pfeffer, 4 El Olivenöl, Saft eine halben Zitrone, Mehl zum Bestäuben, 400 g geschälte Kartoffeln, 1 Eigelb, 30 g Parmesan, frisch gerieben, 1 Prise gemahlener Koriander, 1 Schalotte, 1 Päckchen Biokresse

Für das Allerlei: 800 g Spargel, 80 g Morcheln, 100 g junge Möhren, 100 g Sellerie, 100 g Zuckerschoten, 100 g Bohnen, 180 g Krebsbutter, 40 g Butter, 16 Flusskrebse, Meersalz, Muskat, Pfeffer, 4cl Sherry

Zubereitung

Die Zanderfilets mit Salz und Pfeffer würzen, mit Zitronensaft beträufeln und einige Min. ruhen lassen. Danach mit Mehl bestäuben und im Olivenöl anbraten. Die geriebenen Kartoffeln mit Schalottenwürfeln, Kresse, Parmesan sowie mit Eigelb vermengen und mit Salz, Pfeffer, Muskat und Koriander würzen. Danach die Kartoffelmasse auf das angebratene Zanderfilet streichen und das Ganze bei ca. 220 °C 4 Min. backen.
Jedes Gemüse extra garen und abtropfen, die Flusskrebse nach dem Garen ausbrechen. Danach wird das Gemüse in Butter geschwenkt. Nun Morcheln und Flusskrebse zugeben, würzen, mit kalter Krebsbsbutter binden und mit Sherry parfümieren. Zum Anrichten wird das Zanderfilet in die Mitte eines vorgewärmten Tellers gegeben und das „Leipziger Allerlei" um das Zanderfilet angerichtet.

HISTORISCHES GASTHAUS ZILL´S TUNNEL

HISTORISCHES GASTHAUS ZILL´S TUNNEL

BARFUSSGÄSSCHEN 9
04109 LEIPZIG

TELEFON   03 41 – 9 60 20 78
TELEFAX   03 41 – 9 60 19 69

GEÖFFNET: 11.30 – 24 UHR

Für ursächsische Gemütlichkeit gibt es auch einen anderen Begriff: Zill`s Tunnel. Mitten im Gassenwinkel der Altstadt, nur wenige Schritte vom Marktplatz entfernt, werden Gäste bereits seit 1785 bewirtet. Wer hier einkehrt, bleibt lange sitzen, liebt Wein und Gesang, wie einst auch Karl Zöllner, der in den urigen Stuben sein Lied „Das Wandern ist des Müllers Lust" ersann. Als das Haus bei einem späteren Umbau statt der ursprünglichen Balkendecke eine steinerne Wölbung erhielt, sprach der Volksmund vom „Biertunnel", ab 1841 nach dem Bierwirt Zill, von „Zills Tunnel". 1999/2000 ließ die Familie Geyer das Haus, das auch nach dem Neubau von 1888 heimeliger Hort für Liedertafeln und

Stammtischrunden war, bis hin zu den filigranen Wandmalereien sorgfältig restaurieren. Die Farbe der Wände, das dunkle Paneel, die Stühle und Tische – alles versetzt den Gast nun wieder in alte Wirtshausgemütlichkeit. Überflüssig zu betonen, dass in den verschiedenen Gasträumen auch ursächsische Speisen und Getränke serviert werden. Die „Große Stube" (55 Plätze)

SÄGGSCHER SAUERBRADN (SÄCHSISCHER SAUERBRATEN)

Zutaten

800 g Rindfleisch (Unterschale)
1/4 l Wasser
1/4 l Essig
1/4 l Weißwein
1 Bund Wurzelgemüse
Lorbeerblatt
Nelken
Pfefferkörner
Zwiebel
Tomatenmark
Bratfett
Reibekuchen als Soßenbinder
Saure Sahne

Zubereitung

Kochen Sie einen Sud aus Wasser, Essig, Weißwein, Pfefferkörnern, Lorbeerblatt und Nelken, lassen ihn etwas abkühlen, legen Sie Rindfleisch 2-3 Tage darin ein und lassen es ruhen. Nehmen Sie dann das Fleisch heraus und braten es mit Bratfett ringsherum an, geben Sie das Wurzelgemüse, etwas Tomatenmark und Zwiebel dazu, gießen etwas Fond (worin das Fleisch eingelegt war) nach und nach zum Braten und lassen Sie das Ganze weiter köcheln. Nun den Fond durch ein Sieb gießen und etwas aufgeweichten Reibekuchen darunter geben. Saure Sahne zur Verfeinerung untermengen. Nun den Braten wieder in die Soße legen und noch einmal erwärmen. Als Beilage empfehlen wir Apfelrotkraut und Reibeklöße. Guten Appetit und gutes Gelingen!

bietet sich für Familienfeiern an. Historisches Flair durch antike Möbel in der „Weinstube" (25 Plätze). Einer der schönsten Räume mit Blick auf die Altstadt ist die „Erkerstube" (25 Plätze); urig im Kerzenlicht die „Klosterstube" (18 Plätze). In der rustikalen „Bierstube" (65 Plätze) im Erdgeschoss duftet es nach gepökeltem Eisbein, nach Sauerbraten mit Reibekuchensoße, Apfelrotkraut und Klößen. Die Speisekarte ist ein Ausflug durch sächsische kulinarische Landschaft in heimischer Mundart mit Untertiteln. Wenn man die hochdeutschen Worte verdeckt, ergibt sich ein fröhlicher Ratespaß. Was könnte „Ä scheenes Schdügge Fleesch midd Schwarde" bedeuten? Ein gefüllter Schweinskrustenbraten in Schwarzbiersoße! Wer es zwar deftig,

aber nicht ganz so üppig mag, dem seien zum sächsischen Landweinchen Zill's Gähsehäbbchen (Käsehäppchen) empfohlen; zum Bier eignet sich bestens Zill's Wurschdsalat. Zur Nachspeise etwas echt sächsisch „Sießes"? Die Leipziger Räbchen, mit Marzipan gefüllte Pflaumen in Backteig, sind ein Gedicht, köstlich auch die hausgemachten Quarkkeulchen und Apfelpfannkuchen. Die Kuchen und Torten stammen aus der hauseigenen Pattiserie. Wer sich am Ende dieses kulinarischen Ausflugs nicht mehr fortbewegen kann, der sollte sich in den Appartements „Sachsen" oder „Leipzig" zur Ruhe begeben, denn nirgendwo in der Stadt kann man zentraler übernachten, als in dem historischen Gasthaus „Zill's Tunnel".

LOTTER & WIDEMANN

RESTAURANT CAFÉ BRASSERIE
LOTTER & WIDEMANN

MARKT 1
04109 LEIPZIG

TELEFON   03 41 – 1 49 79 01
TELEFAX   03 41 – 2 25 12 66

GEÖFFNET AB 8 UHR

Eines der anmutigsten Bauwerke Leipzigs ist das Alte Rathaus am Marktplatz. Hohe Zwerchhäuser mit Volutengiebeln und der Turm mit hölzernem Altan und barocker Haube schmücken das langgestreckte Gebäude, das ab 1556 unter Leitung des bedeutenden Leipziger Bürger- und Baumeisters Hieronymus Lotter erbaut wurde. Kaum zu glauben, dass dieses prächtige Renaissancegebäude zwischen zwei Messen in einer Rekordzeit von nur neun Monaten entstand. Unter den Bögen der erst 1909 vorgesetzten Kolonnaden gibt es ein Lokal, das bereits schon wenige Monate nach seiner Eröffnung die Gastronomieszene in Leipzig aufhorchen ließ. An Chefkoch Peter Niemann vergab der Varta längst eine Kochmütze, Aral honorierte ihn mit zwei Kochlöffeln und Bertelsmann verlieh ihm sogar gleich drei Hauben. Viel Lob für einen so jungen Küchenchef, der nie genug betonen kann, dass hinter dem guten Ruf eines Restaurants immer ein gutes Team steckt. Peter Niemann ist viel umher gekommen, er arbeitete bei Steiner, Käfer und auch bei Eiermann. Aufmerksamkeit erregte er, als er 1999 auszog, um auf dem Präsentierteller der Republik, im Dachgarten-Restaurant

des Reichstags, zu kochen. Handwerkliche
Feinstarbeit und Kreativität treiben den
Leipziger aber auch in seiner Heimatstadt
zur Höchstleistung. Auf den ersten Blick
scheint sein Repertoire mediterran gefärbt
zu sein, bietet aber auch viel Bodenstän-
diges. Da liest man in der Brasserie-Karte:
Kartoffelsuppe nach Mutter Niemann oder
Hirschgulasch mit geschmortem Chicoree
und Haselnuss-Schupfnudeln. Hier hat einer
seinen ganz eigenen Weg gefunden, der ihn
auch erfolgreich in die Höhen der Gourmandie führt. Die handgeschriebene Karte
in der Longue offeriert Champagnerkutteln

mit Trüffel und grünem Spargel, Jacobsmuscheln mit gebratenem Fenchel auf
Vanillenage und Kalbsbäckchen auf Baro-
lojus. Aber auch hier gibt es Bodenstän-
diges wie handwerklich perfekt hausgemachte Leberwurst, Rohmilchquark
und Kartoffeln. Rote Rosen, Silberbesteck
und weißes Porzellan auf den cremefarben
eingedeckten Tischen des kleinen Fein-
schmecker-Stübchens. An der Wand hängen
Kopien bisher noch nie öffentlich gezeigter
Stiche aus dem Bestand des auch in diesem
Hause untergebrachten Stadtgeschichtlichen
Museums.

GEBRATENES ZANDERFILET AUF GRAUPEN-KAVIAR-RAGOUT MIT GRÜNEM SPARGEL

Zutaten für 4 Personen

240 g Graupen
2,5 l Gemüsefond
150 ml Sahne
120 g Forellen oder Lachskaviar
1 Bund frischen Dill
Salz, Pfeffer
12 Stangen grüner Spargel
4x200 g Zanderfilet
20 g Butter

Zubereitung

Die Graupen mit dem Gemüsefond
aufsetzen und gar kochen. Mit Salz
und Pfeffer würzen.
Den Zander würzen und mit der
Hautseite in die heiße Pfanne mit
etwas Öl legen und 4 bis 4 1/2 Min.
braten.
Dem Spargel ein Drittel des Stangen-
endes abschneiden und die verblei-
benden Köpfe in kochendem Salzwasser 1 Min. blanchieren.
Etwas Dill mit dem Messer fein
hacken, dann mit dem Kaviar in
den Graupeneintopf geben und
verrühren.
Nun den Graupen-Kaviarein-Topf
sofort auf einem flachen Teller anrichten und das Zanderfilet draufgeben.
Den Spargel nach dem Blanchieren
in Butter schwenken und das Zanderfilet anlegen. Zum Schluss alles mit
Dillkronen garnieren und servieren.

RESTAURANT & CAFÉ ALBERT'S

Gäste unter Wärmepilzen auf den 80 Freiplätzen, mit Renaissance-Rathaus und Bankhochhaus Wesentliches der Stadt im Blick. Albert's Gastraum im Erdgeschoss ist im typischen Bistro- und Brasseriestil möbliert. Die moderne Einrichtung wird durch wechselnde Ausstellungen namhafter sächsischer Künstler ergänzt. Ein schöner Rahmen für die Albert'sche Kunst der Küche. Während im Obergeschoss die geho-

RESTAURANT & CAFÉ ALBERT'S

AM MARKT 9
04109 LEIPZIG

TELEFON 03 41 – 2 15 76 43
TELEFAX 03 42 – 2 15 36 28

GEÖFFNET 9-02 UHR

Das Albert's ist ein frischer Farbtupfer in Leipzigs Gastronomieszene. Drei junge Sachsen haben sich auf den Höhenweg kulinarischer Kultur gewagt und eine Viertel Million Euro in Umbau, Postenküche und Einrichtung ihres zweigeschossigen Etablissements investiert. Anstelle einer zuvor recht glücklosen Gaststätte beherbergt das alte Bürgerhaus direkt am Markt nun ein gut florierendes Restaurant. Noch bis in den späten Herbst schlemmen die

benen Ansprüche gediegenen Genießerpublikums beispielsweise mit Wachtelrollbraten in Gänseleberrahm mit Speckwirsing und Kartoffelstrudel oder gebratenem Baramundifilet in Krebssahne bedient werden, erfreut den Gast im Parterre eine flotte internationale Küche. Die Bistrokarte, die von früh um 9 Uhr bis Mitternacht gültig ist, bietet Suppen, Salate, Pasta, Baguettes aber auch Steaks. Neben der sächsischen Kartoffelsuppe werden in französischem Ziegenkäse gebackene Snacks und hausgemachte Käsespätzle serviert. Vegetarier kommen hier mit Polenta mit Mozarella-Füllung, Paprika und grünem Spargel auf ihre Kosten. Die täglich wechselnde Mittagskarte zielt zwischen 11 und 14 Uhr vor allem auf Geschäftsleute, die schnell, preiswert und gut speisen möchten. Die „Vogtländer Schusterpfanne", Schweinemedaillons mit Kümmelsoße, gibt Kraft für die kommende Konferenz. Unübertroffen ist das Albert`sche Frühstücksangebot! Von 9-15 Uhr gibt es neben vielen anderen das Bayrische mit Weißbier und Weißwurst, das Amerikanische und das Französische Frühstück. Beim Geburtstagsfrühstück kommt auf sechs Personen eine Flasche Prosecco gratis. Mit roten Rosen ist das Frühstück für Verliebte (29,90 für 2 Personen) dekoriert. Restaurantchef Dirk Ligner ist voller Ideen. Sein Handwerk als Koch hat er an der Hotelfachschule Altütting gelernt, die Praxis probte er im Münchener Hilton, als Smutje auf hoher See und als Wirtschaftsdirektor im Grand Hotel East-

bourne. Stolz verweist er auf die abendliche Cocktailkarte mit 180 Positionen, nicht alle so hochprozentig wie die sechs Sorten Caipirinha, es gibt auch softe Saft- und Milchdrinks.

LACHS AUF DEM ZITRONENGRAS-SPIESS MIT MANGOCHUTNEY UND SCHWARZEN GEMÜSENUDELN

Zutaten für 6 Personen

Für die Lachsspieße: 960 g Frischlachsfilet, 6 St. Zitronengras, Salz, Pfeffer, Saft von 2 Zitronen

Für das Mangochutney: 3 reife Mangos, 300 g frischen Kürbis, 2 rote Zwiebeln, 200 ml Maracujasaft, 300 ml trockenen Weißwein, 4 EL Honig, 50 ml Olivenöl, Salz, Pfeffer, Curry, Ingwer, Knoblauch, rosa Pfeffer

Zubereitung

Lachsfilet entgräten, enthäuten und in 6 Tranchen teilen. Den Zitronengrasspieß mit einem Messer anspitzen und längs durch die Lachstranche schieben. Diese mit Salz, Pfeffer und Zitronensaft marinieren und in heißem Olivenöl, je nach Dicke zwischen 15 und 20 Min., auf beiden Seiten bei niedriger Hitze anbraten, wobei man zuerst die Seite anbrät, welche dann beim Anrichten nach oben zeigen soll. Besonders gut eignet sich hierfür eine beschichtete Pfanne.
Mango und Kürbis schälen, entkernen und in ein cm große Würfel schneiden. Olivenöl in einer Stielkasserolle erhitzen und die Kürbiswürfel darin anschwenken, mit Weißwein und Maracujasaft ablöschen und weich kochen.
In einer anderen Pfanne die Würfelchen von roter Zwiebel in etwas Olivenöl anschwitzen, Mangowürfel hinzugeben und mitschwitzen. Den Honig zugeben und das Ganze abschmelzen, mit Salz, Pfeffer, Curry, geriebener Ingwerwurzel und einer Scheibe Knoblauch würzen. Dann zum Ablöschen den Kürbis samt Fond hineingeben, kurz durchkochen lassen und zum Schluss mit etwas rosa Pfeffer verfeinern.

KÜMMEL APOTHEKE

erhaltenen historischen Messepassagen. Sie schauen und shoppen. Alle Stunde läuten Meißener Porzellanglocken. Es ist die Mischung aus bedeutender Historie und fröhlichem Kommerz, die den Reiz dieser beliebten Flaniermeile ausmacht. Erst 1995 eröffneten Laszlo und Erika Károly das kleine Bistro und doch wirkt es mit den dunklen Holzpaneelen, dem wuchtigen altdeutschen Büfett und den

**CAFÉ-BISTRO-BAR
KÜMMEL APOTHEKE**

MÄDLERPASSAGE
04109 LEIPZIG

TELEFON   03 41 – 9 60 87 05
TELEFAX   03 41 – 9 60 87 05

GEÖFFNET
MONTAG – SAMSTAG 9.30-01
UHRSONNTAG 10.30-21 UHR

𝔑ein, hier werden keine Pillen und Pülverchen verabreicht, dafür aber gibt es einen kräftigen Kümmelschnaps. In Maßen genossen soll der ja auch gesund sein. Ansonsten labt man sich in Laszlo Károlys Café-Bistro-Bar eher an kleinen warmen und kalten Speisen. Geschäftsleute, Leipziger Stammgäste und Touristen teilen sich den gemütlichen Raum und schauen bei frischen Salaten, Kümmelbrotsuppe oder gefüllten Wirsingröllchen auf Kümmelsoße den Spaziergängern in der altehrwürdigen Passage zu. Angelockt von „Auerbachs Keller", dem historischen Fasskeller gleich nebenan, der als Schauplatz in Goethes „Faust" Weltberühmtheit erlangte, pilgern die Besucher der Stadt scharenweise durch Leipzigs prachtvollste und eine der noch

künstlich patinierten Wänden so authentisch, als gäbe es diese Lokalität schon seit vielen Jahrzehnten. Die gerahmten Titelbilder alter Ausgaben des Sternjournals an den Wänden verstärken diesen Eindruck. Zum Morgenkaffee, mittags zum Bier nach der Schinkenhaxe oder später zu Kaffee und leckeren Kuchen kann man natürlich auch

KÜMMEL-BROTSUPPE

Zutaten für 4 Personen

1 kl. Zwiebel
20 g Butter
30 g Mehl
1 l Brühe oder Wasser
2 TL gemahlener Kümmel
2 Eier
Salz
Pfeffer
Geröstete Brotwürfel
1 EL gehackte Petersilie

Zubereitung

Die Zwiebel in Würfel schneiden, Butter erhitzen und die Zwiebel darin goldgelb andünsten, Mehl dazugeben, andünsten und mit Brühe ablösen. Kümmel, Salz und Pfeffer hinzufügen, aufkochen und ca. 10 Min. weiterkochen lassen. Die aufgeschlagenen Eier in die kochende Suppe einrühren und nochmals aufkochen. Nun mit den gerösteten Brotwürfeln und mit Petersilie bestreut servieren.

die druckfrischen Exemplare der Lokalpresse studieren. Ein Tipp für alle Langschläfer: Hier gibt es das Frühstücksei auch noch am Nachmittag. Der Wirt, vor 30 Jahren aus Ungarn gekommen und somit Leipzigs dienstältester Innenstadtgastronom, ist ein ebenso geselliger wie lebenserfahrener Mann. Seine Küche ist weder eine speziell ungarische noch eine explizit sächsische, sondern mit Pasta, Kalbsahnegulasch mit Butterspätzle und „Handkäs mit Musik" eher international. Durchreisende lieben die Räucherlachsscheiben auf Reibekuchen als kleine feine Speise zwischendurch. Zu den täglich frisch gebackenen Apfel-, Pflaumen- oder Zupfkuchen kann man unter vielen verschiedenen Kaffeespezialitäten wählen. Naschkatzen mögen ganz sicher Haselnuss Capuccino, Latte Pina Colada mit Cocos-sirup oder Cinnamon Coffee mit Schlag-sahne und Zimtsirup.

AUGUSTUS

Ravioli gefüllt mit kanadischem Hummer auf leichtem Korianderschaum – und so französisch wie die Königin der Hors-d'oeuvre, die Terrine de foie gras (Gänsestopfleber) oder die Seeteufelmedaillons im Speckmantel gebraten auf elsässischem Dijon-Weinkraut. Doch auch die gutbürgerliche sächsische Küche findet hier geschmackvollen Niederschlag. Das „Leipziger Allerlei", jenes klassische Gemüseensemble mit Morcheln und Flusskrebsschwänzen, wird mit einem zarten Schweinefilet angerichtet. Zur Winterzeit sollte man unbedingt den gefrorenen Eisstollen probieren. Aber auch die Florentiner Eistorte lässt alle guten Diätvorsätze dahinschmelzen und wird nur noch vom hausgemachten Tiramisu getoppt. Ob südländisch oder

Seit der Neugestaltung des historischen Augustusplatzes in Leipzig in den Jahren 1997/98 dominiert moderne kühle Glas- und Betonarchitektur. Um so mehr erwärmt das dabei entstandene „AUGUSTUS" mit seinem originalen Art-Deco-Ambiente. Geschickt haben die Innenarchitekten den langgezogenen Raum mittels Sitzgruppen, einer Bar und Separées in ein stilvolles Restaurant verwandelt. Pianomusik untermalt oft an den Wochenenden das abendliche Flair. Die Gäste kommen, um sich kulinarisch auf einen Besuch im benachbarten Gewandhaus oder der ebenfalls am Platz anliegenden Oper einzustimmen. Sie genießen die abwechslungsreichen Kreationen des 10-köpfigen Küchentems um Chefkoch Jörg Brückner. Seine Gerichte zeigen vielfältigen Einfluss verschiedener Küchen dieser Welt. Sie sind so italienisch, wie die hausgemachten Pastasorten – z.B. schwarze

BRASSERIE - CAFÉ - RESTAURANT AUGUSTUS

AUGUSTUSPLATZ 15
04109 LEIPZIG

TELEFON   03 41 – 9 60 96 03
TELEFAX   03 41 – 9 60 96 13

GEÖFFNET TÄGL. 11-01 UHR

GEFÜLLTER KANINCHENRÜCKEN MIT SHIITAKE-PILZEN AN TOMATEN-CONFIT

Zutaten für 4 Personen

1 Kaninchen ca. 1,2 kg, 1/2 gr. Karotte, 1/2 gr. Zucchini, 1/2 Aubergine, 1 Knoblauchzehe, 1 Schweinenetz, Öl und Butter zum Anbraten

Für die Füllung

Keulen und Schulterfleisch vom Kaninchen, 100 g fetter Speck, 1 Kaninchenleber, Salz, Pfeffer, kleiner Zweig frischer Thymian, Sahne 33% zum Glattrühren (eisgekühlt)

Zubereitung

Keulen und Schultern vom Kaninchen auslösen und das Fleisch für die Farce kalt stellen. Die beiden Rückenstränge mit dem Bauchlappen „hohl" auslösen. Das Schulter- und Keulenfleisch mit dem Speck und der Leber durch die feine Scheibe des Fleischwolfs drehen. Die Farce mit Salz und Pfeffer auf Eis mit der Sahne geschmeidig rühren und die Thymianblätter unterheben. Karotte, Zucchini und Aubergine in feine Streifen in Länge des Kaninchenrückens schneiden und in Olivenöl mit wenig Knoblauch andünsten. Die Farce und die Gemüsestreifen abwechselnd auf die Kaninchenrücken streichen, die Bauchlappen darüber klappen, den Rücken zu einer Rolle formen, in das Schweinenetz einhüllen und binden. In der Öl-Buttermischung rundum goldbraun anbraten, im 200 °C heißen Ofen 10 Min. braten, dann 5 Min. warm gestellt ruhen lassen. Serviert wird der Kaninchenrücken mit frischen gekräuterten Shitake Pilzen und Tomatenconfit. Für Letzteres wird gehäutetes und entkerntes Tomatenfleisch gewürfelt, dann mit Thymian, Knoblauch und Schalotten in wenig Olivenöl im Ofen gegart.

sächsisch – in jedem Fall wird frische kreative Küche geboten. Die Frischfischvitrine wechselt täglich und saisonal ihr Angebot von verschiedenen Fisch- und Krustentieren. Üppig ist auch das Antipastibüfett, von welchem man sich für 7,00 Euro aus 15 Sorten vegetarischen Leckereien bedienen kann. Die Getränkekarte bietet alles, was man im „Brasserie-Café-Restaurant" erwarten darf. Da fließen edle Tropfen zu fairen Preisen auch aus heimischen Gebieten wie der 2001er Grauer Burgunder vom Weingut Schloß Proschwitz – Prinz zur Lippe aus Meißen. Gezapft wird Schwarzbier aus Bad Köstritz und Bitburger Pils, getrunken an lauen Abenden gern auch auf den 150 Plätzen im Freien, mit Blick auf den alten Mende-Brunnen vor der Glasfront des Leipziger Gewandhauses. Dem Stil des Hauses entsprechend stattet das 23-köpfige Team vom „AUGUSTUS" auch exklusive Caterings aus.

BRANDVORWERK

schen Licht illuminierte tiefrote Raum versetzt in eine völlig andere Welt. Surreale Wandgemälde zeigen wilde antike Gelage. Sandsteinfarbene Säulen, Kapitelle und Gesimse wirken wie Versatzstücke einer verlorenen Zeit. Dabei ist man in der Leipziger Südvorstadt, nicht weit vom Stadtzentrum entfernt. Das Ambiente ist wie geschaffen für ein Candle-Light-Dinner mit einem Vier-Gang-Menu und Pianomusik. Schon Anfang des 19. Jahrhunderts haben sich die Gäste an dieser ungewöhnlichen Kulisse ebenso erfreut wie an Speis und Trank. Heute ist der Wiener Michael Hähnel Herr dieser gastlichen Stätte und schon seine Herkunft verspricht, was das Wiener Schnitzel dann auch hält: Aus zartem Kalbfleisch, nur mit einem pikanten Kartoffelsalat ergänzt, ist es so, wie ein Wiener Schnitzel einfach sein muss. Schon

BRANDVORWERK

DUFOURSTRASSE 36
04107 LEIPZIG

TELEFON   03 41 – 9 62 86 20
TELEFAX   03 41 – 9 62 86 21

GEÖFFNET 11-14.30 UND 19-23 UHR,
SONNTAG AB 9 UHR

Ganz Leipzig freute sich, als nach einem halben Jahrhundert das „Brandvorwerk" wieder eröffnete. Unter dem hohen Kreuzgewölbe, das von vier massiven Säulen getragen wird, ist es tatsächlich ein Lokal der besonderen Art. Von außen ein ganz gewöhnliches Haus, versetzt der Innenraum den ahnungslosen Gast in maßloses Erstaunen. Der theatralische, von vielen Kerzen und nur wenig indirektem elektri-

bald nach der Bestellung hört man das typische Klopfgeräusch aus der Küche. Auch der Altwiener Tafelspitz, in Brühe, mit Röstkartoffeln und frischem Apfel-Kren serviert, zergeht auf der Zunge. Ein Genuss ist auch der Sauerbraten, drei Tage lang nach einem von der Mutter überlieferten, streng gehüteten Geheimrezept gebeizt und zu haben für ganze 7.90 Euro. Die guten Preise, nicht unwichtig für ein kulinarisches

Rundumvergnügen, hat Michael Hähnel mit Sachverstand und spitzem Bleistift gastfreundlich kalkuliert. Die „Sächsische Leidenschaft", frische Bratwurst mit Sauerkraut, (4,90 Euro) ist ein Beispiel für ein kulinarisches Heimspiel, mit Pasta wie Penne Bio-Mio (6,80 Euro) bedient der Koch auch den Appetit auf Mediterranes. Doch wenn man schon bei einem Wiener zu Gast ist, sollte man unbedingt auch den Kaiserschmarren probieren. Oder wie wäre es mit einem Frühstück mit Jazzmusik? Der Brandvorwerk Morgenmix beginnt jeden Sonntag um 9 Uhr. Bis zum Nachmittag kann man für 6,66 Euro hausgemachte Marmeladen, Crêpes, Hühnerbrust in Orangensoße und vieles andere mehr genießen, bei Sonnenschein auch im Sommergarten.

SPINATKNÖDEL

Zutaten für 4 Personen

150 g altbackenes, entrindetes Toastbrot
1/4 l Milch
1 kg Blattspinat
2-3 Schalotten
3 EL Butter
1 Knoblauchzehe
1 Ei
2 EL griffiges Mehl
3-4 EL Semmelbrösel
Salz
Pfeffer
Muskat
Butter
Parmesan

Zubereitung

Den Spinat blanchieren und durch den Wolf drehen. Das gewürfelte Brot in warmer Milch einweichen. Schalotten in Butter andünsten, den fein gewürfelten Knoblauch und den Spinat hinzugeben. Ei, Mehl, Salz, Pfeffer, Muskat und das Brot unterrühren. Jetzt so viel Semmelbrösel einrühren, bis der Teig schön formbar ist.
Kleine Knödel formen und in Salzwasser 10 bis 15 Min. ziehen lassen. Schließlich mit brauner Butter und frisch gehobeltem Parmesan servieren.

APELS GARTEN

APELS GARTEN

KOLONNADENSTRASSE 2
04109 LEIPZIG

TELEFON   03 41 – 9 60 77 77
TELEFAX   03 41 – 9 60 77 79

GEÖFFNET
MONTAG – SAMSTAG 11-24 UHR
SONNTAG 11-15.30 UHR

Wer auf Goethes Spuren wandelt, findet immer auch ein gutes Gasthaus. Besonders in Leipzig soll sich der spätere Dichterfürst vornehmlich dem Studium sinnlicher Genüsse hingegeben haben. Dabei traf man ihn auch in Apels`Garten. In einem Brief vom 12. September 1765 an seine Schwester Cornelia schwärmte er: „Die Gärten sind so prächtig als ich in meinem Leben etwas gesehen habe. Ich schicke die vielleicht einmal den Prospekt von der Entreé des Apelschen, der ist königlich". Nun, von dem wunderbaren Park, der einst zu den schönsten sächsischen Barockgärten gehörte, ist nur noch eine kleine grüne Enklave mit Kopien der einst vom Schöpfer der Zwingerbauplastik Balthasar Permoser gefertigten Gartenfiguren erhalten geblieben. Die historische Oase wurde 1813 durch die Völkerschlacht zerstört. Erst 1994 kehrten die Plastiken der Juno und des Jupiter zurück. In Erinnerung an die gute alte Zeit benannte der Wirt Rudolf Müller sein Gasthaus mit Blick auf das verbliebene Rasenparterre nach dem Großkaufmann und Handelsherren Andreas Dietrich Apel, der seiner Gattin Anfang des 17. Jahrhunderts jenen prachtvollen Garten in

Müller hat sich ganz und gar der Historie seiner Stadt verschrieben. So pflegt er auch die kulinarische Tradition. „Rudolf Müller bietet eine sächsische Küche, die ansehnlich ist, schmeckt und satt und froh macht", schrieb der Gault Millau und setzte dem Herren über Haus und Herd eine Kochmütze auf. Aufgetischt wird gute deutsche, vor allem aber sächsische Küche wie Leipziger Allerlei, sächsischer Sauerbraten mit Rosinensoße und Apfelküchlein mit Butterstreusel. „Meister Apels Leibgericht" ist ein saftiges Schweinerückensteak in Nuss-Eihülle mit Bratkartoffeln. Die Früchte für die Borsdorfer Holundersuppe und die Blätter für die Bärlauchplätzchen pflückt der Meister eigenhändig. Bis zur Wende leitete er das Restaurant im Auftrag der HO, seit 1990 ist er sein eigener Herr, der mit Freuden seine Gaststuben, den Salon, das Musikzimmer und die Kemenate mit Reliquien der fürstlichen Vergangenheit geschmückt hat. Mit Lust kredenzt er darin Weine heimischer Weingüter und natürlich auch den Leipziger Allasch, einen süffigen Kümmellikör.

Fächerform anlegen ließ. Die Terrasse des Neubaus wurde kräftig begrünt. Weinlaub, Immergrün und Goethes flotte Sprüche („Solange man trinken kann, lässt sich's noch glücklich sein") versetzen den Gast in fröhliche Stimmung. Der Leipziger Rudolf

HOLUNDERBEEREN IM „APELS GARTEN"

Zutaten für 4 Personen

500 g Holunderbeeren
50 g Mehl
50 g Butter
250 ml Wasser
50 ml kräftigen Rotwein

Zubereitung

40g Butter zerlassen und mit dem Mehl eine Schwitze herstellen. Die Holunderbeeren vom Stiel lösen, waschen und mit der restlichen Butter anschwitzen. Nach 5 Min. mit dem Rotwein ablöschen und das Wasser hinzugeben. Die Suppe 30 Min. köcheln lassen und durch ein Sieb gießen, um die Schalen zu entfernen. Die Suppe köcheln lassen und mit der Mehlschwitze binden. Als Einlage empfehlen wir Birnenfächer oder in Butter gerösteten Zwieback.

RISTORANTE DA VITO

Gesellschaften winken aus blumengeschmückten Ausflugsbooten. Lange war die Weiße Elster ein von der Industrie geschwärzter Fluss, heute schwimmen wieder Fische im Wasser und das ehemalige Industriegebiet ist ein beliebtes Ziel für Architekturkenner. Bis 1820 war Plagwitz ein Dorf, dann expandierte der Stadtteil im Südosten Leipzigs. Mit der Wende erlitt der Industriestandort den völligen Zusammenbruch. Doch neue Chancen taten sich auf. Die riesigen Werkhallen des ehemaligen Buntgarnwerkes sind heute zu unkonventionellen Wohnungen saniert. Die Flussmeile wurde eine der begehrtesten Adressen Leipzigs. Schöner wohnen am Wasser. Und schöner essen. Die rote Fassade des größten deutschen Gründerzeit-Industriedenkmals grenzt dicht an Vitos venezianische Welt. Die Sommerterrasse, überschattet von zwei spitzen Zeltdächern, liegt vor dem Neubau, der seit einigen Jahren Vito Signorellos Ristorante beherbergt. Drei elf Meter lange aus Venedig importierte Gondeln, tiefschwarz, ausstaffiert mit blutrotem Samt, schaukeln vor den Augen der Gäste wie ein romantisches Versprechen. Im Restaurant steht Vito an seiner Nudelmaschine und trällert ein Lied. Jeden Tag fertigt er dort vor den Augen der Gäste ganz persönlich die Pasta: Bandnudeln, Röhrennudeln, Tagliatelle, Lasagne und Ravioli. Vito ist Sizilianer, typisch sind die Ragotini arriminata mit verrührtem Knoblauch, Schinkenspeck, Broccoli und Pinienkernen. Eine

RISTORANTE DA VITO

NONNENSTRASSE 11B
04229 LEIPZIG

TELEFON   03 41 - 4 80 26 26
TELEFAX   03 41 - 4 80 26 26

GEÖFFNET 11.30–14.30 UND AB 18 UHR
FREITAG AB 18 UHR

Abwarten und Espresso trinken. Den besten, den man in Leipzig bekommt, je nach Wetterlage grob oder fein gemahlen, denn je wärmer die Tage, desto feinkörniger der Kaffee, lautet Vito Signorellos Geheimrezept. Wir sitzen auf der schwimmenden Terrasse des Ristorante und warten auf den Gondoliere. Gemächlich treiben die ersten Herbstblätter mit dem Wasser der Weißen Elster. Paddler paddeln, als wollten sie den Sommer wieder einholen. Gut gelaunte

TAGLIOLINI GONDOLIERI

Zutaten für 4 Personen

400 g Tagliolini
4 Riesengarnelenschwänze
100 g Schrimps
1 halbe Zwiebel
1 halbe Zucchini
1 Mohrrübe
1 halbe Porreestange
10 cl Cognac
5 EL Olivenöl
Salz
Pfeffer
Petersilie

Zubereitung

Die Riesengarnelenschwänze aus der Schale lösen und in schmale Ringe schneiden. Zucchini, Mohrrübe und Porree in Jullienform, Zwiebel in Streifen schneiden.

Die Tagliolini in kochendes Salzwasser geben und ca. 3-4 Min. kochen lassen. In einem niedrigen Topf Olivenöl erwärmen und unter ständigem Rühren zunächst die verschiedenen Gemüse, dann die Riesengarnelenschwänze hinzugeben. Das Ganze ca. 4 Min. kochen lassen, mit Cognac ablöschen, dann ohne Wärmezufuhr 1 Min. ziehen lassen. Nun die abgetropften Tagliolini beigeben, gut vermischen und mit Salz und Pfeffer abschmecken. Zum Schluss mit 1 EL Kochwasser verfeinern und mit Petersilie garnieren.

Spezialität auch die Spagetti alla Vito. Dabei sind nicht nur die Nudeln, sondern auch das frische, schonend zubereitete Gemüse, Zucchini, Karotten und Auberginen, al dente. Wer Fisch bestellt, kann bei Vito keinen Fehler machen. Der Seeteufel nach Art der Vulcano Inseln ist ein Gedicht. Ebenso der herrliche Barolo aus Piemonte. Nach solch einem gutem italienischen Essen in den Polstern einer Gondel versinken – bei Vito kein Traum, sondern Wirklichkeit. Solange die Sonne scheint. Nur sollte man sich zuvor anmelden. Jedes Jahr im Juli lädt Vito zu „Venezianischen Nächten" ein, dann verwandelt sich die Weiße Elster in eine Lagune.

BAYERISCHER BAHNHOF

Könige und Handelsreisende passierten auf ihrem Weg zwischen Sachsen und Bayern dieses „Tor in den Süden". Als der Architekt August Eduard Pötzsch 1842/44 den Bayerischen Bahnhof baute, erregte er mit dieser grandiosen Inszenierung seiner Italiensehnsucht die Gemüter. Mancher zollte ihm Beifall, andere sprachen von einem „Tempel der Verschwendung". Im Jahr 2000 wurde aus dem klassizistischen Bauwerk, das dank Mangelwirtschaft und abseitiger Lage die DDR-Zeit überstand, ein „Tempel der Genüsse". Schwer zu sagen, wer nun mehr auf seine Kosten kommt – Architekturliebhaber oder Bierfreunde. In die historisch getreue Erhaltung investierten die Deutsche Bahn AG und der Gastronomiebetreiber Thomas Schneider, übrigens ein gebürtiger Bayer, rund 6,5 Mio Euro. Nun ist das historische Baudenkmal wieder eine Augenweide. Auf den 450 Plätzen im schattigen Biergarten, in Gosestube, Schalander und Biersiederei genießen die Gäste traditionelle sächsische Küche und ein ganz spezielles Bier, die Leipziger Gose „in vollen Zügen". „Was unter den Blumen die Rose, ist unter den Bieren die Gose", warb man einst für dieses Bier, das schon Kaiser Otto III. vor 1000 Jahren für seinen Wohlgeschmack gelobt haben soll. Mit der hochmodernen Kleinbrauerei im Bayerischen Bahnhof ist die obergärige, leicht moussierende, vitaminreiche(!) Gose in ihre Heimat

GASTHAUS UND GOSEBRAUEREI BAYERISCHER BAHNHOF

BAYRISCHER PLATZ 1
04103 LEIPZIG

TELEFON   03 41 – 1 24 57 60
TELEFAX   03 41 – 1 24 57 70

GEÖFFNET TÄGLICH 11–01 UHR

Theoretisch könnten Schumann, Brahms und Liszt durch den markanten Portikus des Bayerischen Bahnhofs geschritten sein, noch etwas Ruß der Dampflok im Umhang. Sicher entstieg hier der neuberufene Universitätsmusikdirektor Max Reger 1907 dem Fernschnellzug und war beeindruck vom dem großartigen Bahnhofsensemble, das heute zu den ältesten und noch aktiven Kopfbahnhöfen der Welt zählt. Künstler,

GEFÜLLTE GANS
AUF SÄCHSISCHE ART

Zutaten für 5 Personen

1 junge Gans von etwa 4 kg
Salz, Pfeffer, Thymian, Rosmarin
Rindsuppe

Für die Füllung

150 g Weißbrot ohne Rinde, 1/8 l
Sahne, 1 cl Rotwein, 1 El Bratbutter,
50 g geräucherter Speck, 50 g Champignons, 70 g getrocknete Steinpilze,
1 saurer Apfel, 100 g Schalotten,
50 g Pökelzunge, 150 g Entenleber,
1 Knoblauchzehe, 3 Eier, je 2 cl Apfel-
und Weinbrand, Salz, Muskat, Majoran, Rosmarin, 300 g Kalbsfleisch

Zubereitung

Die aufgekochte, mit Salz und Muskat
gewürzte Sahne über das Weißbrot
gießen und quellen lassen. Das fett-
und sehnenfreie Kalbsfleisch durch die
feine Scheibe im Fleischwolf drehen
und dem abgekühlten Weißbrot beigeben. Die Eier untermengen. In einer
heißen Pfanne Speck, feinwürfelig
geschnittene Schalotten, Streifen von
der Pökelzunge, grob gewürfelte
Entenleber, klein geschnittenen Apfel,
Champignonscheiben und eingeweichte Steinpilze angehen lassen. Knoblauch, Rosmarin, Majoran und Salz
zugeben. Mit Apfel- und Weinbrand
ablöschen.

Die geputzte und gewaschene Gans
mit Salz, Pfeffer, Thymian und Rosmarin innen und außen würzen und
füllen. In eine mit Rindsuppe zweifin-
gerhoch gefüllte Bratpfanne die Gans
mit der Brust nach unten legen. Nach
der halben Bratzeit wenden. Bei mittlerer Hitze 2,5 – 3 Std. braten. Gegen
Ende häufig mit Eigensaft begießen,
die Temperatur etwas höher schalten,
damit die Gans schön knusprig wird.
Apfelrotkraut und Kartoffelknödel sind
die idealen Beilagen.

an der Pleiße zurückgekehrt. Im ehemaligen
Warteraum der Upperclass, dem heutigen
Sudraum, kann der Gast schnuppern und
zuschauen wie der Braumeister den Sud
ansetzt. Jeden ersten Samstag im Monat
lädt er zum Bierseminar ein. Mancher
bevorzugt die Gose pur, andere lieben die
süffigen Variationen mit Kümmellikör oder
– ladylike – mit Edel-Kirsch-Likör. Aber
auch das Pilsener namens „Schaffner", das

Weizenbier „Kuppler" und der „Heizer", ein
kräftiges Schwarzbier fließen zu kulinarischen Brauhausklassikern wie knusprige
Schweinshaxe in Schwarzbiersoße oder
Bierkutschersteak. Beliebter Snack ist das
ofenfrische Kartoffelbrot mit verschiedenen
Dipps. Ob mit oder ohne Bier – beschwingt
geht es auch jeden Sonntag von 10-14.30
beim Boogie-Woogie Schlemmer-Brunch in
der ehemaligen Schalterhalle zu.

GOLDEN TULIP PARKHOTEL DIANI

**GOLDEN TULIP
PARKHOTEL DIANI**

CONNEWITZER STRASSE 19
04289 LEIPZIG

TELEFON   03 41 – 8 67 40
TELEFAX   03 41 – 8 67 42 50

Die feine kleine Villa Diani steht im Bannkreis großer Geschichte. Im Herbst 1813 wurde bei Leipzig Weltgeschichte geschrieben. Die verbündeten Armeen Russlands, Preußens, Österreichs und Schwedens standen Napoleons Streitmacht gegenüber. Ein halbe Million Soldaten kämpfte um das künftige politische Schicksal Europas. Tagelang tobten erbitterte Kämpfe. Schließlich musste Napoleon weichen. Dem siegreichen Kampf wurde 1903 ein gewaltiges steinernes Denkmal gesetzt. Der pyramidale Bau aus Granitporhyr, entworfen vom Architekten des Kyffhäuser-Denkmals Bruno Schmitz, ist umgeben von einer großen Parkanlage. Überhaupt zeichnet sich der Leipziger Stadtteil Probstheida, nur 5 Kilometer von der Innenstadt entfernt und rasch mit Bus und Straßenbahn erreichbar, durch viel Grün aus.

Alte Eichen umgeben auch die weiße Jugendstilvilla von Gerhard und Liane

STÖTTERITZER HEMDBOHNEN

Zutaten für 2 Personen

100 g Prinzessbohnen, 50 g Bacon,
in Scheiben geschnitten, 25 g Butter,
100 ml Milch, 250 ml Schwarzbier,
125 g Weizenmehl, 1 l Pflanzenöl
oder –schmalz, Salz, weißer Pfeffer,
Bohnenkraut, Zucker

Zubereitung

Prinzessbohnen putzen und waschen,
danach im siedenden Wasser ca.
5-8 Min. blanchieren. Anschließend in
Eiswasser abschrecken. Bohnen jetzt
in zerlassener Butter mit typischen
Bohnengewürzen durchschwenken.
Die Baconscheiben halbieren und
gerade auflegen, nun die Prinzessbohnen in zwei kleine Bündel zusam-
menfassen und in die Baconscheiben
einrollen, kühl stellen.
In der Zwischenzeit den Schwarzbier-
teig zubereiten: Schwarzbier und
etwas Milch verrühren, 1 Prise Salz,
Zucker, Muskat eingeben und mit
Weizenmehl binden, so dass eine
leicht zähflüssige Masse entsteht.
Derweil das Öl auf etwa 160-170 °C
erhitzen. Nun die Bohnenbündchen
mehlieren und in den Bierteig tau-
chen, bis diese vollständig mit Teig
umgeben sind. Nun vom Teig direkt
in das heiße Pflanzenöl geben und im
tiefen Fettbad goldgelb backen. Anschließend auf einem Stück Küchenkrepp kurz abtupfen.
Sie können die Bohnenbündchen mit
verschiedenen Soßen zum Dippen an
einem kleinen Salatbukett servieren.
Reichen Sie dazu ofenfrisches Ba-
guette. Die Stötteritzer Hemdbohnen
eigen sich ideal als warme Vorspeise
oder Zwischengericht, aber auch als
herzhafte Beilage zu deftigen Speisen.

Matthiessen. Das welterfahrene Paar ist
nach der Wende in das inzwischen denk-
malgeschützte Geburtshaus von Liane
Matthiessen (geb. Störzner) zurückgekehrt
und hat nach aufwändigen Restaurierungs-
arbeiten und diskreten Anbauten die
Leipziger Hotelszene um ein edles Stück
bereichert. Gerhard Matthiessen, der bis
1998 auch als deutscher Honorarkonsul in
Mombasa fungierte, eröffnete bereits 1981
am Diani Beach in Kenia ein Hotel, das
Keimzelle seiner heutigen Gesellschaft
Welcome Inn Hotels wurde. Das Leipziger
Parkhotel Diani ist nun das fünfte dieser
inzwischen von Tochter und Schwiegersohn
erfolgreich geführten Häuser. Im historischen Gebäude des „Diani" findet man heute
Tagungsräume und einen Teil des Restaurants. Über einen kleinen Verbindungstrakt
gelangt man zu 71 ruhig gelegenen, eleganten Zimmern und weiteren Restauranträu-
men bis hin zum lichten Wintergarten. Im
Culinarium des Parkhotels Diani wartet
Küchenchef Thomas Kaden mit einer feinen
mediterran angehauchten Frischküche auf,
die er täglich neu mit rustikalen Gerichten
ergänzt. Der Grapefruit-Gurkensalat mit
Hähnchen, Garnelen und gerösteten
Cashew-Kernen ist eine gelungene Nord-
Süd-Liaison. Regional-saisonales kommt
beispielsweise mit der Kürbissuppe im
Brotlaib und mit der gefüllten Wildschwein-
keule zu Pilssoße und Rosenkohl auf den
Tisch. Jeden Dienstag und Donnerstag,
sowie jederzeit nach Vereinbarung, gibt es
in der „Guten Stube" Gegrilltes vom heißen
Stein. Mit Spinat-Tortelloni und in Trüffelöl
gebackenem Marktgemüse hat der Koch
aber auch ein Herz für Vegetarier. Honig-
karamell mit Ziegenfrischkäse oder Apfel-
schmarr`n mit frischen karamellisierten
Wallnüssen als Dessert wird abschließend
jedes Süßmaul erfreuen.

Gasthof Miltitzer Rosensäle

ein Metzger wie aus dem Bilderbuch. Er hat sein Handwerk vor 40 Jahren von der Pike auf im Harz gelernt. Nun stehen drei Tage in der Woche -Donnerstag, Freitag und Samstag – die Leute vor seiner „Hausschlachteboutique" Schlange. Noch etwas warm schmecken die hausgemachten Knack- und Leberwürste am besten. Es gibt Schinken, Metwurst, deftige Wurstsuppe und eingeweckte Rouladen. Bis zu acht Schweinen verarbeiten Vater und Sohn in der Hauptschlachtezeit Oktober und November pro Woche. Im rustikalen Gastraum werden die Stammgerichte auf Holzbrettschweinchen an der Wand präsentiert: Rippchen und Eisbein mit Sauerkraut, Hausmacher Sülze, Grillplatte nach Metzger Art. Den Haxenhit gibt es ab 4 Personen für 13 Euro; Rippchen bis zum Abwinken für 18 Euro.

Was haben Rosen mit Schweinshaxen gemein?

Beides riecht verführerisch! Es war nämlich einmal, da duftete ganz Miltitz nach Rosen. Die zarten Blätter der Königin der Blumen wurden in den Scheunen des Dorfes getrocknet und sollten zu Duftstoffen verarbeitet werden. So hat man das um 1890 erbaute Gasthaus „Rosensäle" nach dem Miltitzer Rosenanbau in den 1920er Jahre benannt. Rosen wachsen heute nur noch in den Vorgärten der Bewohner des kleinen Ortes dicht bei Leipzig, doch noch immer liegt ein köstlicher Duft in der Luft. Zwar riecht es nicht mehr nach Blumen, dafür aber nach Haxe, gekocht, gegrillt oder gepökelt; nach Salami und Leberkäse. Besitzer des traditionsreichen Gasthauses „Rosensäle" ist seit 1995 Erhard Fiebrich,

Gasthof Miltitzer Rosensäle

Leipziger Strasse 2
04205 Miltitz

Telefon   0341 – 9 45 63 27
Telefax   0341 – 9 41 16 34

Geöffnet Dienstag-Freitag 17-22 Uhr
Samstag 11-14 und 17-23 Uhr,
Sonntag 11-15 Uhr
Ruhetag: Montag

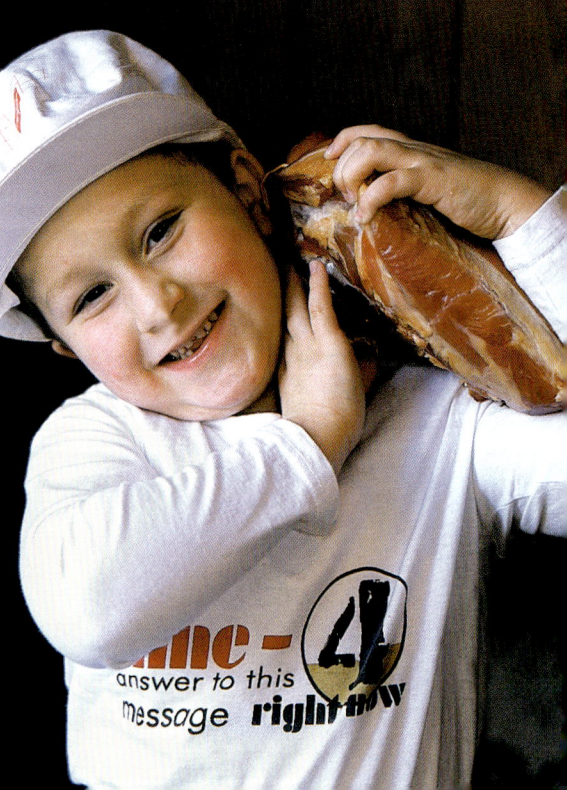

Die gute alte Soljanka kostet 2 Euro. Erhard Fiebrich ist ein Bewahrer bewährter

Traditionen. Sein Plakat zum „Schlachtefest wie zu Honnis Zeiten" mit Ährenkranz, Löffel, Messer und Gabel wird regelmäßig geklaut. Auf diesem Fest kann man sich die angefutterten Kalorien gleich wieder abtanzen. Vor allem aber setzt der Wirt auf gute Traditionen deutscher Gastlichkeit und der Erfolg gibt ihm recht. Das ist hier kein Nobelschuppen, in dem die Leute stumm herumsitzen - im liebevoll restaurierten 300 Quadratmeter großen Festsaal mit Bühne pulsiert das Leben bei Karnevalsfeiern, Hubertusball oder auf dem Wildabend mit Tanz. Auch die Kegelbahn ist gut besucht. Eine Dorfkneipe im besten Sinne.

WURSTSUPPE MIT EINLAGE

Zutaten für 4 Personen

4 l Wurstsuppe aus Blut- und Leberwurst
500 g Nudeln
400 g Kartoffelstücken
Pfeffer, Majoran und Salz nach Geschmack

Zubereitung

Die durch das Kochen der Würste entstandene Brühe mit Pfeffer, Salz und Majoran abschmecken und aufkochen lassen. Anschließend etwa je 100 g Blut- und Leberwurst hinzugeben und die Suppe mit Nudeln und Kartoffelstücken als Einlage verfeinern.

Jacques' Wein-Depot

Jacques' Wein-Depot

Torgauer Platz 6
04315 Leipzig

Telefon   03 41 – 6 88 00 08
Telefax   03 41 – 6 88 00 09

Geöffnet:
Dienstag bis Donnerstag 15-19 Uhr
Freitag 14-20, Samstag 10-15 Uhr
Ruhetag Montag

Er sieht aus wie ein Genussmensch, und er ist ein Genussmensch. Lothar Janus liebt Kunst, Wein und sein Weib. Gemeinsam mit Beate Janus, gleichsam Mutter seiner vier reizenden Töchter, hat er in einem betagten, indes sanierten Industrieturm – mitten in Leipzig – eine Oase der Kultur geschaffen. Er füllte den gelben Klinkersolitär am Torgauer Platz mit Plastiken, Bildern und Wein. Namen wie Calder, Max Ernst, Lachnit oder Hundertwasser sorgten für Renommee. Lothar Janus' Liebe zur Kunst kommt nicht von ungefähr. Er studierte in Dresden Bildhauerei. Aus seiner Liebe zum Wein erwuchs eine weitere Berufung – er wurde zum leidenschaftlichen Kenner des Rebensaftes. Von seinem bacchantischen Wissen partizipieren inzwischen nicht wenige Leipziger mit und ohne Vorkenntnis von Weinlagen und Rebsorten.

einem Abend nicht schafft, kann zum willkommenen Anlass für den nächsten Besuch werden.

Tiefer in eine Region „eintrinken" kann man sich bei den speziellen monatlichen Aktionen. So manchen führte Lothar Janus dabei auch an erlesene „Terroire-Weine" heran. „Terroire", das bedeutet für die Franzosen der Geschmack von Muttererde, Liebe und Tradition. Diese Weine signalisieren dem geübten Verkoster Hanglage, das Sonnen-Konto der Trauben und die Herkunft des Winzers. Ein wirklicher Bordeaux kommt eben nur aus dem Bordeaux. Lothar Janus ist bei solchen Themen kaum zu bremsen. Er will eben nicht nur Wein verkaufen, sondern ein Lebensgefühl vermitteln. Denn nur wer mehr weiß, schmeckt auch mehr. Diese Janussche Philosophie schätzt nach elf Jahren ein ansehnlicher Kundenstamm. Das mag auch daran liegen, dass Lothar Janus' Erläuterungen zum Wein nie dozierend wirken. Gemäß der Weisheit, dass nicht nur das Trinken, sondern auch das Essen Leib und Seele zusammenhält, werden im „Weinturm" auch allerlei kulinarische Delikatessen angeboten – vom klassischen Weinbegleiter Käse über edle luftgetrocknete Salamis, feine Terrinen bis hin zum Schokoladentrüffel.

Lothar Janus hat ein ausgeprägtes Sendungsbewusstsein. Das kostet viel Zeit und Kraft. Dennoch bleibt er stets gut gelaunt. Bei den abendlichen Weinverkostungen vermittelt er einen Hauch frankophilen Lebensgefühls: Wein, Musik und Geselligkeit. Beim Probieren und Plaudern spielen vor allem die frischen jungen „Franzosen" aus der

„Grande Nation" eine Rolle. „Vin de Pays", wie der Franzose sagt. Aber wussten Sie, dass „Vin de Pays" nicht immer ein Sammelbegriff für schlichten Landwein sondern vielmehr eine Klassifizierung im französischen Weinrecht ist und im Süden Frankreichs, so z.B. im Minervois, ein herrlich würziger, vollmundiger und finessereicher Rotwein sein kann? Oder kennen Sie den „Vin de Gard", wie man die Weine, die für die Flaschenalterung gedacht sind, nennt? Beim weinseligen „Talk im Turm" mit Lothar Janus kann man viel erfahren, auch von der ursprünglichen Idee, mit Jacques' Wein-Depot ausschließlich französische Weine unters deutsche Volk zu bringen. Längst aber wurde das Sortiment mit Weinen aus Italien, Spanien und Übersee stark erweitert. 250 bis 300 verschiedene Weine können heute in Jacques' Wein-Depot gekostet werden. Und was man an

GEWÜRZE MARKRANSTÄDT

volkseigenen Gewürzmühlenbetrieb Arbeit. Jahresumsatz damals 35 Millionen Mark. Als die Gewürzmühle Leipzig GmbH Anfang der 90er Jahre abgewickelt werden sollte, begleitete Beate Werner, die hier als Produktionsleiterin arbeitete, die Liquidation. Doch so einfach wollte sich die resolute Markranstädterin nicht geschlagen geben und es reifte der Gedanke, eine eigene Firma zu gründen. Allerdings bekam sie den Betrieb nicht für jene symbolische Mark, was den wirtschaftlichen Überlebenskampf nicht leichter machte. Ein mutiger Schritt. Heute beschäftigt das Unternehmen insgesamt elf Mitarbeiter. „Ein Glück, dass wir damals nicht wussten, was auf uns zukommt", erzählt die Teilhaberin und Verkaufsleiterin Sabine Teutschbein. Die Konkurrenz der großen Anbieter in den Altbundesländern ist groß, da muss sich die Markranstädter Marke „Küchenjunge" gegen längst eingeführte Namen behaupten. Doch mit Frauen-Power gehen die beiden Unternehmerinnen ans Werk. „Mittlerweile haben wir etwa 200 verschiedene hauseigene Gewürzrezepturen", berichtet Beate Werner nicht ohne Stolz. „Wir entwickeln und produzieren Mischungen zum Beispiel für die

GEWÜRZE MARKRANSTÄDT
GMBH

NORDSTRASSE 18
04420 MARKRANSTÄDT

TELEFON   03 42 05 – 8 84 64
TELEFAX   03 42 05 – 8 85 37

ÖFFNUNGSZEITEN
DI-SA WARME KÜCHE VON 12-14 UND
18.30-22 UHR

Würziger Pfefferduft liegt über dem kleinen Anwesen in Markranstädt, einer kleinen Stadt etwa 2,5 Kilometer von Leipzig entfernt. Seit 1992 werden in den backsteinernen Gebäuden Gewürze aus aller Welt gemischt und gemahlen. Fünf ehemalige Beschäftigte der seit 1951 alteingesessenen Leipziger Gewürzmühle gründeten unter Leitung von Beate Werner die Gewürze Markranstädt GmbH und retteten mit viel Engagement eine große Tradition der Gewürzproduktion in Sachsen. 130 Menschen fanden zu DDR-Zeiten in dem einst größten

Wurstherstellung, für die Backwarenindustrie, die Gastronomie und die Haushalte daheim." Altbewährtes aus dem reichhaltigen Schatz sächsischer Rezepturen (so liebt der Sachse in seiner Bratwurst, ja selbst im Bratkartoffelgewürz viel Kümmel), aber auch viel Neues ergänzt die reichhaltige Palette. Vieles wurde exklusiv entwickelt. Die neuesten Produkte sind pikante Gewürzmischungen mit Meer- bzw. Jodsalz, die in jeweils 16 Gläsern als Paket angeboten werden. Etwa 60 bis 70 Tonnen Gewürzmischungen werden im Jahr hergestellt. Die Abnehmer sind hauptsächlich Händler und Weiterverarbeiter in Sachsen, Sachsen-Anhalt und Thüringen. Die Markranstädt GmbH kann alle Sparten aus der Wirtschaft und dem Handel im Lebensmittelbereich mit speziellen Mischungen, Zubereitungen, reinen Gewürzen und Kräutern beliefern. Für Wursthersteller und Backwarenproduzenten werden auf Wunsch auch besondere firmengeschützte Gewürzmischungen zubereitet und chargengerecht verpackt. Damit die Qualität stimmt, wird nichts dem Zufall überlassen. Deshalb mahlt man hier auch die feinen Gewürze aus aller Herren Länder selbst. Danach wird gut

durchgemischt, nach etwa 130 überlieferten Rezepten, eigenen neuen Ideen oder nach speziellen Kundenwünschen. Zum Schluss wird abgepackt, in 15-kg-Säcke, in verschiedene große Flach- und Bodenbeutel und in kleine Glasstreuer für den privaten

Haushalt, damit der Kunde jederzeit die passende Würze in gewünschter Verpackung zur Hand hat. „Sachsen hat Geschmack" lautet der Slogan der kleinen Gewürzmühle, ein pikanter Botschafter des Landes.

LEIPZIGER KÄSEHAUS

Technologie der Käseherstellung wurde im Laufe der Zeit modernisiert, wobei der ursprüngliche Charakter des Käses erhalten blieb. Viele große Handelsketten bieten inzwischen Lehmanns Sauermilchkäse an. Das Haus mit den bunten Kacheln an der Fassade ist für internationale Käsespezialitäten und beliebte Ostprodukte, wie Altenburger Ziegenkäse, Falkenhainer Weichkäse oder Blue Master aus Seelow bekannt. Die zehn Meter lange gut gekühlte Schautheke bietet Produkte aus vielen renommierten Käseregionen. Eine Rarität ist der Cremoulin, ein Weichkäse in der Rinde gereift, der im Ofen erwärmt und dann gelöffelt wird. Über 800 Sorten von etwa 20 Firmen aus Europa hat Käse-Lehmann im Vertrieb. Aus eigener Produktion stammt auch der Kochkäse mit 50 Prozent Fettgehalt, gewürzt mit Kümmel, ein Gewürz, das die Leipziger lieben. Die Käsetheke ist gut überschaubar nach Ländern sortiert.

Im Norden von Leipzig, im feinen Viertel Gohlis, reift eine sächsische Spezialität – der Blaue. Über diesen Sauermilchkäse in der blauen Edelpilzhülle braucht niemand die Nase zu rümpfen, denn diese Delikatesse stinkt nicht. Nach einem alten Familienrezept wird sie aus frischem fettarmen und eiweißreichen Sauermilchquark, ohne Zusatz von Konservierungsmitteln hergestellt. Ein gesunder Schlankmacher also, wenn man ihn so isst, wie es sich gehört, auf Schmalzbrot mit saurer Gurke. Sauermilchkäse ist eine Rarität, denn er macht nur etwa ein Prozent des gesamten Käsemarktes in Deutschland aus. In der Käserei Lehmann werden etwa 9 Tonnen pro Woche hergestellt.

Schon in der vierten Generation betreiben die Lehmanns ihre Käserei, seit 1948 wird in der Breitenfelder Straße produziert. Nicht nur der Betrieb, der 1996 nach europäischer Norm ausgebaut wurde, auch die

**LEIPZIGER KÄSEHAUS
KÄSEREI LEHMANN GMBH**

BREITENFELDER STRASSE 39
04155 LEIPZIG

TELEFON   03 41 – 5 85 00 50
TELEFAX   03 41 – 5 85 12 88

BIO-RITTERGUT RITTMEYER

Der folgende Vergleich der Inhaltsstoffe spricht Bände:

Vitalstoffe	Vollkornmehl	Auszugsmehl	Verluste
Eisen	44 mg	7 mg	84%
Magnesium	240 mg	120 mg	52%
Calcium	120 mg	60 mg	50%
Vitamin B1	5,1 mg	0,7 mg	86%
Provitamin A	3,3 mg	0,0 mg	100%
Vitamin E	24 mg	0,0 mg	100%

Das in der hofeigenen Backstube gebackene Vollwertbrot hat keine Verluste an Vitaminen, weil das Mehl erst kurz vor dem Backen frisch gemahlen wird. So kann man in dem Laden auf dem Bio-Gut nicht nur duftende gesunde Brote, sondern auch Getreidemühlen kaufen, außerdem gibt es frisches Gemüse und Salate, nestwarme Eier und reichlich Literatur zur Naturheilkunde, Betten aus Naturfaser und biologisch erzeugte Stoffe - Seide, Baumwolle, Leinen und Hanf – für Kleidung, Bettwäsche und Dekoration.

BIO-RITTERGUT RITTMEYER

OT KREUMA
04509 ZSCHORTAU

TELEFON   03 42 94 – 7 31 10
TELEFAX   03 42 94 – 7 31 12

GEÖFFNET: MONTAG, MITTWOCH UND
DONNERSTAG 10-18.30 UHR, SAMSTAG
10-12 UHR

Ingo F. Rittmeyer ist der vitale Beweis seiner Botschaft: Man ist, was man isst. Vor mehr als 25 Jahren bekam er Schmerzen in Hüften und Knien. Ärztliche Diagnose: „Athrose, Gicht, Rheuma und Verschleiß". Damit müsse er leben, hieß es. Auf der Suche nach Heilung las er, was Hippokratis vor über 2500 Jahren schrieb: „Eure Lebensmittel sollen eure Heilmittel, eure Heilmittel sollen eure Lebensmittel sein". Bis dahin hatte er sich so ernährt, wie fast alle Menschen unserer Zivilisation: mit denaturierten Nahrungsmitteln, denen die natürlichen Vitamine, Mineralstoffe, Spurenelemente, Enzyme und Fermente fehlen. Der Diplom-Agraringenieur und Chefredakteur der Zeitschrift „Naturarzt" wurde nach seiner Genesung Gesundheitsberater. Seit 1983 ist er völlig beschwerdefrei. Heute führt der fast 70jährige auf seinem 1840 erbauten und baubiologisch sanierten Gutshof eine Praxis für Gesundheitsberatung sowie ein gastliches Haus mit Lehrküche und 4-Sterne-Ferienwohnungen. Er weiß: Nur keimfähiges Vollgetreide, frisch gemahlen, spendet Gesundheit und Energie.

BRAUSEN'S FRISCHKOST-MARKT

Gemüse **Obst** **Südfrüchte**

BRAUSEN'S FRISCHKOST-
MARKT

BREITSTRASSE 2
04523 PEGAU

TELEFON   03 42 96 – 7 61 22
TELEFAX   03 42 96 – 7 65 78

GEÖFFNET: MONTAG BIS SAMSTAG
8-18 UHR
RUHETAG SONNTAG

Der Charme des kleinen Frischkostladens
nährt sich nicht nur vom unvermutet üppigen Angebot an Obst, Gemüse, Fisch und
Käse sondern auch vom Charisma seiner
Besitzer. Schon Gertraude Brause schwatzte
einst mit jedem, der in den kleinen Laden
an der Ecke des Pegauer Kirchplatzes kam.
Der Großvater hatte ihn bereits 1875 eröffnet. Gertraude brachte das Geschäft über
die schwierigen Jahre nach 1936. Zu Beginn der 70er Jahre schien mit der Über-
nahme durch die HO die Traditionslinie
abzureißen. Doch 1990 übernahm ihr Sohn
Kurt Brause das Geschäft. Auch dieser
freundliche Mann, der nun schon in der
vierten Generation, sozusagen als „Brause
der Vierte", den Laden führt, kennt fast
jeden im Ort mit Namen. Und die hübsche
Kleinstadt hat immerhin über 4000 Ein-

wohner. Eigentlich ist Kurt Brause Ingenieur, hat in Dresden studiert und eine
Karriere bei Mannesmann stand ihm nach
der Wende offen. Als sich da aber auch die

Alternative bot, das Familiengeschäft wieder zu übernehmen, regten sich alte Wurzeln, schließlich hatte er schon als Zehnjähriger hinterm Ladentisch gestanden. Zärtlich blickt er auf ein altes Foto der Mutter, die einst neben dem Laden noch vier Kinder durchbrachte. Zusammen mit seiner Gefährtin Jutta Gill modernisierte Kurt Brause das Geschäft, die „gute Stube" der Großeltern wurde Getränkeabteilung. Doch trotz des erweiterten Angebotes auch von Obst und Gemüse gehen die Pegauer noch immer zu „Fisch-Brause". Das hat seinen Grund: Schon die Mutter hatte hier frische Fische zu Rollmops und Fischfilet verarbeitet. Heute liegen in der Fischtheke leckere Heringsbrötchen, selbstgemachte Fischsalate und duftender hausgeräucherter Aal und Stremellachs, sowie über Buchenholz geräucherte Forellen. Fisch und Fischspezialitäten werden auch auf diversen Märkten in Sachsen verkauft. Inzwischen ist Kurt Brause mit ganz speziellen Fischangeboten wie gebackenen und geräucherten Fischspießen oder in Bierteig gebackenen

Fischfilets auf Messen in Dresden, Leipzig, Erfurt und auf der Hessen-Schau vertreten. Viel Arbeit, beinahe jeder Tag ein 18-Stunden-Tag, doch Kurt Brause hat seine Entscheidung nie bereut, er fühlt sich in seinem Element - wie ein Fisch im Wasser. Und es besteht gute Hoffnung, dass das Geschäft auch in fünfter Generation in der Familie bleibt.

PEGAU

KARPFEN BLAU

Zutaten für 4 Personen

1 küchenfertiger Karpfen ca. 2 kg, halbiert oder in Stücken
1/4 l feiner Weinessig
5 El Salz
1 großes Bund Wurzelwerk

Zubereitung

Wenn der Karpfen schön blau werden soll, muss schon beim Ausnehmen darauf geachtet werden, dass die Schleimschicht auf der Fischhaut nicht verletzt wird.
Der Karpfen wird innen sauber ausgewaschen, außen mit kaltem Wasser nur vorsichtig abgespült!
Den gesäuberten Karpfen auf einer Platte über eine Tasse stülpen, mit heißem Wasser übergießen und 10 Min. stehen lassen (Karpfen wird blau). Inzwischen so viel Wasser zum Kochen bringen, dass der Karpfen bzw. die Karpfenstücke beim Einlegen reichlich mit Fischsud bedeckt sind. Fischsud mit reichlich Wurzelwerk und Salz aufkochen lassen. Danach den Karpfen mit dem abgetropften Essig vorsichtig in den Sud legen und ca. 25 Min. auf kleiner Flamme garen lassen. Der Karpfen wird mit gebräunter Butter und Meerrettich serviert. Als Beilage empfehlen wir Apfelrotkohl und Salzkartoffeln.

SCHLOSS GATTERSBURG

Kräutergarten

SCHLOSS GATTERSBURG

COLDITZER STRASSE 3
04668 GRIMMA/SA.

TELEFON   0 34 37 – 91 18 50
TELEFAX   0 34 37 – 91 18 52

GEÖFFNET: TÄGLICH AB 11 UHR

Es gibt so manchen Ort, der sich romantisch nennt, doch selten entspricht einer
derart buchstabengetreu dieser Beschrei-
bung wie das Schloss Gattersburg. Um den
zierlichen Schlossbau auf dem schroffen
Felsen hoch über der Mulde ranken sich
mit der hundertjährigen purpurfarbenen
Trompetenblume Sagen- und Geschichten.
Vor allem aber entrückt sein Anblick in
alte Märchenwelt. Wird gleich Rapunzel
das lange Haar aus dem Fenster hinabwal-

len lassen? Oder schläft in dem hohen
Rundturm Dornröschen? Auf jeden Fall
herrscht in diesem Haus ein guter Geist.
1792 ließ der betuchte Landrichter Gattert
ein Haus auf der Felsspitze errichten, schon
damals so romantisch, dass der Dichter
Heinrich von Kleist von einem „Feen-
schloss" sprach.

1897 erbaute der Papierfabrikant Max
Schroeder an dieser Stelle eine fürstliche
Villa mit Rundturm im Stil der Neorenais-
sance. Nach 1945 lange Zeit wesensfremd
genutzt, öffnete Pfingsten 1998 Schloss
Gattersburg als Restaurant und Hotel seine
altehrwürdigen Eichenholztüren. Dornröschen wurde wachgeküsst und in der
Schlossküche herrscht wieder emsiges
Treiben. Da garen im Backofen ganze
Wildschweine aus den umliegenden Wäldern, schmoren Haxe, Kasslersteak und
Keulen vom Lamm. Kraftbrühe und Wild-
suppe dampfen in Suppentöpfen; in der
Pfanne brutzelt Seelachsfilet. Außerdem
duftet es nach Hanfbrot und frisch gebackenem Kuchen. Während der Koch rasch

noch ein Sträußchen von Minze, Salbei, Rosmarin und Petersilie im hoteleigenen Kräutergarten pflückt, genießen die Gäste versonnen den Ausblick auf den Fluss, der sich silbrig durch Wald und Wiesen des Muldetals windet. Tief unten, am Fuße des Felsens, spannt sich die längste Hängeseilbrücke Sachsens über das Wasser. Im Sommer sitzt es sich am schönsten auf der Terrasse zwischen Oleander und Engelstrompete. Atemberaubend ist auch der Ausblick von der Dachterrasse. Im Erkerzimmer spendet in der kalten Jahreszeit ein alter grüner Kamin Behaglichkeit und Wärme. Auch im Jagdzimmer gibt es einen Kamin. In allen Gasträumen wurden historische Wand- und Deckenmalereien aufwändig und liebevoll restauriert, darum auch die Bitte des Hausherren, hier nicht zu rauchen. Mit der Einrichtung der Räume im altdeutschen Stil gibt man sich hier ebenso traditionsbewusst wie mit der Zubereitung der Speisen. Das Herzstück der Küchentechnik ist der Backofen. Nach märchenhaft zünftigem Mahl bieten sich 14 gemütliche und komfortable Zimmer für eine traumhafte Nacht an.

GESCHMORTE SHIITAKE AUF SCHWEINEMEDAILLONS

Zutaten für 4 Personen

400 g erntefrische Shiitakepilze, ohne Stiele
1 mittlere Zwiebel
40 g Butter
800 g Schweinelende
50 ml Weißwein
1 Bund Petersilie, fein gehackt
1 Knoblauchzehe
Salz und frisch gemahlener Pfeffer

Zubereitung

Butter in der Pfanne schmelzen, Pilze in Streifen schneiden und mit der fein gehackten Zwiebel dazugeben, in der Pfanne wenden und rühren. Mit dem frisch gepressten Knoblauch, Weißwein, Salz und Pfeffer leicht würzen, schließlich Deckel auflegen und das Ganze 2x4 Min. schmoren lassen.
Die Schweinelende in fingerdicke Scheiben schneiden, mehlieren und in der Pfanne kurz braten. Zum Servieren mit den geschmorten Shiitake belegen und mit Petersilie garnieren.
Als Beilage empfehlen wir Kartoffeln, dunkles Brot oder grünen Salat.

Wurzener Wildspezialitäten

Wurzener Wildspezialitäten
GmbH

Hauptstrasse 2a
04828 Altenbach

Telefon   0 34 25 – 8 95 50
Telefax   0 34 25 – 89 55 22

Geöffnet: 7-18 Uhr
Samstag 7.30-12 Uhr
Ruhetag Sonntag

An der Wand im Büro von Volkmar Rauchhaupt hängen eine Saufeder, ein Jagdhorn und zahlreiche Trophäen – unübersehbare Hinweise, dass der studierte

ern. Die Liste der Wurzener Wildspezialitäten ist lang. Jährlich werden etwa 60 000 Wildrouladen mit
einer leckeren Pfifferlingsfüllung
gerollt. Die Wurzener Wildspezialitäten GmbH ist aber hauptsächlich
ein „Wildzerlegebetrieb", der in
anderen EG-Betrieben Delikatessen
wie Wildknacker, Wildschinken,
Wildsalami, Wildzungenblutwurst,
Wildleberwurst, Wildbratwurst,

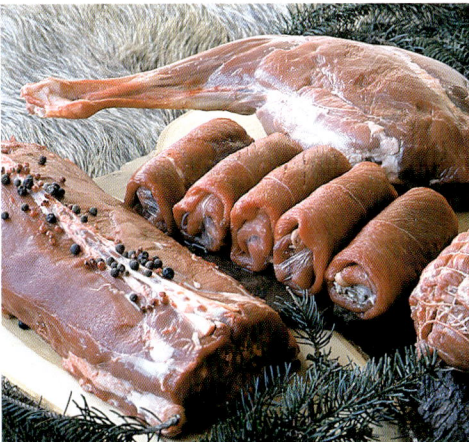

Wildschweinsülze, Wildsaftfleisch
im Dillmantel oder auch Wild-
schweinröllchen gefüllt mit
Frischkäse und Champignon nach
eigenen Rezepten und mit eigenen
Gewürzen herstellen lässt. Solche
Delikatessen öffnen dem Lebens-
mittelgroßhändler Rauchhaupt die
Küchentüren großer Häuser, so isst
man im Leipziger Best Western
Victor's Residenz Hotel und auch
im berühmten Berliner Hotel Adlon
Wurzener Wild. Aber auch auf vielen regionalen Messen und Märkten
oder eben direkt vor Ort bekommt
man die begehrten Wildprodukte
frisch oder tiefgefroren zu kaufen.

Landwirt, Melker und Rinderzuchtmeister
auch ein leidenschaftlicher Jäger ist. Seit
1963 hegt und pflegt er waidmännisch die
umliegenden Wälder. Doch das Wild, dass
in seinen 400 qm großen neuerbauten Pro-
duktionsräumen zerlegt und vakuumver-
packt eingefroren wird, hat er nicht selber
erlegt. Immerhin werden hier jährlich etwa

6000 Rehe, Hirsche, Mufflons, Wildschweine und Hasen verarbeitet, die in
ganz Deutschland, vor allem in Sachsen,
Berlin und Brandenburg, aber auch direkt
in der Altenbacher Markthalle verkauft
werden. Für solche Mengen Wild bedarf es
vieler Lieferanten, Forstämter und Jäger
hauptsächlich aus den neuen Bundesländ-

ESKILDSEN GMBH

vor allem an die vertraglich an diesen Betrieb gebundenen Mäster. Wo Gänse sind, fliegen natürlich auch Federn und was ist kuscheliger, als ein Daunenbett. Hier in Mutzschen wird die elastische und atmungsaktive halbe, dreiviertel und fedrige Daune zu federleichten Deckbetten und Kopfkissen verarbeitet. Ganz nach Wunsch als Kammer-, Punkt-, Waben- oder Kassetten-Stepp-Bett.

Die Auswahl in der hofeigenen Daunenstube ist groß. Natürlich kann man hier auch seine eigenen Bettfedern reinigen lassen. Vor allem aber im Dezember, wenn sich die Gänsefarm in Deutschlands größten Gänsemarkt verwandelt, kommen Tausende Gäste nach Mutzschen. Dann duftet es aus Tiegeln und Pfannen nach geschmorter Gänsekeule und Gänsebrust. Mit Gänsefettbemme in der einen und einem Becher Glühwein in der anderen Hand geht es dann auf die Suche nach der idealen Weihnachtsgans. Aber auch Tannenbäume aus dem nahen Forst und Karpfen aus den Wermsdorfer Teichen werden angeboten.

Was für ein Geschnatter. „Dithmarscher", „Lippitscher" und „Holsteiner", die glücklichen Gänse von Mutzschen, watscheln lauthals über die Wiese. Jede hat zehn Quadratmeter Platz. Nicht von ungefähr hat die EU-Kontrollstelle für ökologische Erzeugung und Verarbeitung landwirtschaftlicher Produkte der Mutzschener Gänsefarm den „Grünstempel" verliehen. Mit 2000 Gänsen hat es vor vielen Jahren in Schleswig-Holstein angefangen. Heute hütet die Familie Eskildsen auch in Mutzschen über 9000 Zuchtgänse und ebenso viele Mastgänse. Für das sächsische Federvieh war die Wende ein Segen. Als 1990 Vater und Sohn Eskildsen diesen Betrieb übernahmen, war das hier noch ein Kombinat für industrielle Mast. Heute leitet der Juniorchef, Lorenz Eskildsen, die Mutzschener Freilandgänsezucht auf artverträgliche Weise. Ein wichtiger Faktor dabei ist die Gösselzucht. Gänseeltern in den drei Eskildsenschen Betriebsteilen erzeugen ca. 60% des gesamten Gänsekükenaufkommens in Deutschland. Im März beginnt das große Eierlegen, im Juli der Junggänseverkauf,

ESKILDSEN GMBH
GÄNSEZUCHT WERMSDORF

AM LINDIGT
04688 MUTZSCHEN

TELEFON   03 43 64 – 5 23 37
TELEFAX   03 43 64 – 5 30 07

GEÖFFNET: DAUNENSTUBE MONTAG BIS
FREITAG 8-17 UHR

HOTEL „ZUM GOLDNEN HIRSCH"

HOTEL „ZUM GOLDNEN HIRSCH"

HIRSCHPLATZ 2
04779 WERMSDORF

TELEFON   03 43 64 – 88 30
TELEFAX   03 43 64 – 88 33 88

GEÖFFNET: TÄGLICH AB 17 UHR

Auf der Suche nach den ältesten Gastwirtschaften Sachsens führt der Wegauch
in das von Wald und Wasser umgebende
Dörfchen Wermsdorf, im sächsischen Bur-
genland. 1000 Jahre Geschichte an 100
Flusskilometern mit trutzigen Burgen machen den eigenwilligen Charme dieser
Landschaft aus. Gleich zwei Schlösser be-
weisen, wie sehr auch die Entwicklung
Wermsdorfs untrennbar mit dem sächsischen Herrscherhaus der Wettiner verbun-
den war. Die wildreiche Gegend galt damals
schon als ertragreiches Jagdgebiet. So ist es
naheliegend, dass auch heute noch auf der
Speisekarte des Wirtshauses „Zum Goldnen
Hirsch" Gerichte wie Wildschweinroulade,
hausgebeizter Hirschkalbsrücken und saftig
gespickte Keule vom Wildhasen stehen. Das
alte Gasthaus entstand fast zeitgleich mit

der ersten Ansiedlung um 1150. In der
Erbschenke nahe dem „Saubach" konnten
die Neusiedler wieder ihre aus Franken,
Niedersachsen und Holland importierte
Kunst des Bierbrauens ausüben. Die über
Jahrhunderte schlichtweg als Dorfschenke
benannte kleine Brauerei bekam um 1750
den Namen „Zum Goldnen Hirsch". Die Liste
der Wirte ist lang. Von Hugo Curth weiß
man, dass er 1898 den Biergarten anlegte.
Bis 1956 bleib das Haus Privatbesitz. Dann
wurde es Kinderlandheim und Restaurant
der HO. „Die Gaststube der staatlichen
Handelsorganisation glich einer Hafen-
schänke", heißt es in der Ortschronik. Heute
saniert, erinnert vieles wieder an alte Traditionen. Jägergrün sind die Servietten,
Tischdecken und Vorhänge im Lokal. Wenn
im Herbst zum Halali in den Wermsdorfer

Wäldern geblasen wird, kommen wieder die Jäger, um sich in dem gemütlichen Gasthaus zu stärken. Aber auch für Einheimische, Wanderer und Durchreisende ist das historische Haus beliebter Treffpunkt. Mit einer Spielecke für Kinder und preiswerten Gerichten wie hausgemachter Schweinesülze mit Bratkartoffeln (3,80 Euro), Holzfällersteak (5,80 Euro), Lammkoteletts mit Herzoginkartoffeln oder gespicktem Sauerbraten mit Klößen is(s)t man hier besonders familienfreundlich. Jeden Freitag kann man eine ganz besondere regionale Spezialität probieren: hausgemachte süßsaure Flecke. Natürlich nichts für Vegetarier, denen seien die Spätzlepfanne oder der Gemüseauflauf empfohlen. Übrigens gibt es jeden Tag zwischen 12 und 13 sowie 18 und 19 Uhr ein anderes Gericht zum halben Preis.

HIRSCHKALBSBRATEN

Zutaten für 10 Personen

1200 g Hirschkalbskeule
1500 g Apfelrotkohl
400 g Waldpilze
1600 g Kloßmasse
10 Pfirsichfächer mit Preiselbeeren
Salz, Pfeffer, Wildgewürz

Zubereitung

Das Fleisch gut würzen, kurz anbraten und bei 180 °C im Backofen garen. Speck auslassen und das Rotkraut weich kochen, mit Rotwein abschmecken und mit geriebenen Äpfeln verfeinern

Den Kloßteig zu 20 kleinen Klößen formen und mit Croutons füllen. Waldpilze andünsten und abschmecken. Zwischendurch den Braten mit Fond oder Wasser übergießen. Zum Schluss die Soße ziehen und mit Rotwein abschmecken.

Zwei dünne Scheiben Hirschkalbsbraten auf Apfelrotkohl anrichten, mit Soße und Waldpilzen überziehen, die Klöße mit Semmelbutter dazugeben und mit Pfirsichfächer und Preiselbeeren garnieren.

Kaninchenfarm Schlosshof Pülswerda

Kaninchenfarm
Schlosshof Pülswerda

OT Pülswerda Nr.97
04886 Arzberg

Telefon   03 42 22 – 4 02 37
Telefax   03 42 22 – 4 05 88

Geöffnet:
Hofverkauf Donnerstag und Freitag
16-18 Uhr oder nach Anmeldung.

Am liebsten hören die Kaninchen von Bodo Schmidt Schlager. Dann klappt es auch mit der Vermehrung. Bei Techno und Hardrock aber vergeht den 6 Rammlern schier die Lust auf die 400 schneeweißen Mümmelmädchen. Das kann sich der Kaninchenzüchter mit seiner hochmodernen Farm in dem teuer ausgebauten Stall aus dem 18.Jahrhundert nicht leisten. Also plätschert softe Radiomusik durch den Raum. Auch Klassik entspannt zwischenzeitlich die fleißigen Mümmel vom Vermehrungsstress. Bis zu acht Mal im Jahr können die Zuchthäsinnen Junge werfen. Der Nachwuchs allerdings kommt nur kurze Zeit in den musikalischen Kunstgenuss, denn bereits nach 90 Tagen hat er drei Kilo Schlachtgewicht und wandert als Rollbraten, Filet,

Schnitzel, Roulade, Leberwurst, Sülze und Kaninchenfett in die Kühltheke. Der 1992 gegründete Familienbetrieb bietet seine Waren über den Fachgroßhandel, Fleischerfachgeschäfte, Gastronomie und auf sächsischen Bauernmärkten an. Immer mehr Kunden finden auch den Weg in das 50-Seelen-Dorf gleich hinterm Elbdeich. Vor allem die Radwanderer freuen sich über eine Pause mit gegrillter Keule, Läufchen, Boulette oder Kaninchenröllchen zu Bier und Brause. Hinterher gibt es einen Schluck „Rammlerglück", Bodo Schmidts Kräuterlikörkreation. Es lohnt sich auch den Sonntagsbraten direkt beim Erzeuger zu kaufen. „Esst mehr Kaninchenfleisch, denn es ist fett- und cholesterinärmer, dafür aber proteinreicher als Rind, Schwein und Hähn-

schmackhaftem kurzfaserigen und fettarmen Fleisch. Dennoch landen Tausende Doppelzentner Kaninchen nach einem langen Weg aus Polen, Tschechien, Ungarn oder China in den Kühltruhen der Supermärkte, oft ohne dass ihre Herkunft für den Käufer eindeutig identifizierbar ist. Für Bodo Schmidt ist die Qualität seiner Produkte Ehrensache. Hygiene, ständig vom Amtsveterinär kontrolliert, hat dabei einen hohen Stellenwert. Inzwischen ist Bodo Schmidt Sachsens größter privater Kaninchenzüchter. Die Fleischqualität seiner Zuchtlinie „ZIKA" gewann 1993 den 1.Preis und die Goldmedaille auf der Pariser Ernährungsmesse.

chen", lautet Bodo Schmidts Botschaft. Doch Kaninchen ist nicht gleich Kaninchen. Erst eine gute Aufzucht, Haltung und Fütterung aber auch sachgerechte Schlachtung und Verarbeitung machen aus Stallhasen eine Delikatesse. Beste Rassen mit Herkunftsnachweis, gehalten nach den Richtlinien der deutschen Tierzuchtverordnung garantieren junge Mastkaninchen mit viel

GEFÜLLTER KANINCHENROLLBRATEN

Zutaten für 4 Personen

2 Kaninchenrücken zu je 450 g
300 g Schweinefleisch (Kammfleisch)
Salz, Pfeffer, Thymian, Lorbeerblatt
100 g Senf
1/2 Zitrone
1 l Buttermilch
75 g Speck
300 g Zwiebeln oder eine
Knoblauchzehe
2 Scheiben Schwarzbrot

Zubereitung

Die Kaninchenrücken auslösen, das Fleisch gut pfeffern, salzen, mit Speckstreifen alles zu einer Rolle formen und mit einem Faden zusammenbinden. Nun den vorbereiteten Rollbraten mit Pfeffer nachwürzen, mit Zitrone marinieren und mit Senf bestreichen. In Buttermilch mit Thymian und Lorbeerblatt zwei Tage einlegen.

Dann das Fleisch aus der Marinade nehmen, gut abtropfen lassen, in ausgelassenem Speck anbraten und mit einer halben Tasse Wasser ablösen. Dem Sud Zwiebelstücke hinzugeben und nach und nach mit durchgesiebter Buttermilch auffüllen und das Fleisch in der Soße auf kleiner Flamme zugedeckt garen lassen. Nun mit geriebenem Schwarzbrot die Soße binden.

Den Rollbraten abkühlen lassen, in Scheiben schneiden und im aufgekochten Sud aufwärmen. Man serviert in Sachsen Kaninchenrollbraten mit Rosenkohl oder Apfelrotkohl und Kartoffeln.

Burgschänke und Herberge „Goldener Löwe"

„Burgherrentopf mit allerley Fleisch, Gemüse aus dem Burggarten und Kartoffelstücken" ist ein kräftig feuriges Süppchen. Pute, Schwein, Rind und Lamm werden zünftig am Rost gegart. Auf dem Herdfeuer brutzelt die „Landsknechtpfanne" mit Farfalle, Spirelli und Kasslerscheiben. Aus dem Ofen kommen Schweinshaxen und halbe Enten von beinahe zwei Pfund. Kalorienentwarnung

Burgschänke und Herberge „Goldener Löwe"

Leipziger Strasse 5
04849 Bad Düben

Telefon   03 42 43 – 28 60
Telefax   03 42 43 – 2 86 66

Geöffnet: Montag bis Freitag
ab 17 Uhr
Samstag und Sonntag ab 10 Uhr

Es dürfte nicht allzu oft in der Geschichte vorgekommen sein, das ein Gotteshaus zum Gasthof wurde. In Bad Düben aber geschah genau das. Die Burgwartskirche St. Wenzeslaus, vor fast tausend Jahren erbaut, verlor infolge der Reformation, nachdem die Burg stark zerstört wurde, an Bedeutung und wurde 1531 Wohn- und Wirtschaftsgebäude. 1647 erhielt es die Schankgerechtigkeit als „Goldener Löwe", so benannt nach dem Wappentier des Markgrafen zu Meißen. Von nun an betete man hier allenfalls noch vor dem Essen, ansonsten wendete man sich ganz ohne Reue irdischen Gelüsten zu. Himmlisch duftet es aber noch heute, wenn beispielsweise der frischgebackene Kuchen aus der Ofen gezogen wird. Im Jahr 2002 fand das alte Haus einen Wirt, der sich wie kein anderer vor ihm mit Leib und Seele dem Genius loci verschrieben hat. Günter Tempelhof schreibt schmackhafte Heimatgeschichte. Das bedeutet Besinnung auf heimische Produkte und Handarbeit. Der

RINDERSCHNITTE AUS EINER
MARINADE VON ZWIEBELN,
PFEFFERKÖRNERN, HONIG UND
KRÄUTERN AUF RATATOUILLE-
GEMÜSE AN EINER PFEFFERSOSSE, ZU
STEINOFENKARTOFFELN

Zutaten für 4 Personen

4x250 g Rinderschnitte (Roastbeef)
2 Paprikaschoten je ca. 200 g
200 g Zucchini
200 g Zwiebel
2 Tomaten ca. 120 g Tomaten
4 große Potatoes je 250 g

Zubereitung

Die Rinderschnitte wird in einer
Marinade aus Öl, 200 g Zwiebeln,
ca. 30 Pfefferkörnern, 100 g Honig,
Thymian, Oregano und Kerbel 3 Tage
eingelegt.
Steinofenkartoffeln längs würfeln,
mit einer Mischung aus Öl, Pfeffer,
Salz und Paprika einstreichen und bei
180-200 °C backen.
Gemüse in ca. 1 cm große Würfel
schneiden, mit etwas Öl die Zwiebeln
und Tomaten glacieren, restliches
Gemüse dazugeben und mit Salz,
Pfeffer, Thymian und Basilikum würzen.
Rinderbratenfond mit grünem Pfeffer
und etwas Rotwein aufkochen, mit
4 cl Weinbrand ablöschen und abschmecken.
Rinderschnitte auf dem Grill oder in
der Pfanne zubereiten.
Die Rinderschnitte auf dem Rata-
touille-Gemüse anrichten, einen kleinen Soßenspiegel setzen. Auf die
Rinderschnitte etwas Knoblauch-
bzw. Kräuterbutter setzen.

bei Gerichten aus Gemüse und Grünzeug
von Feld und Garten. Gesund und lecker
sind die Erdknolle mit Kräuterquark und der
Gemüseteller. Auch mit den Desserts bewegt
sich Günter Tempelhof auf gesichertem historischen Boden, denn, so steht es in der
Speiskarte geschrieben, „auch die Bevölkerung des Mittelalters liebte schon Süß-
speisen". Aus Freude an der Geschichte des
Hauses besann sich der Wirt auch auf den
berühmtesten Gast der Schenke. In Anleh-

nung an das, was man einst dem König von
Schweden servierte, wird auf Vorbestellung
ein üppiges „Gustav-Adolf-Menü" mit Och-
senschwanzsuppe, Knäckebrothäppchen mit
Wildsalat vom Hasen, Hirsch und Schwein
sowie Forellen aus dem Küchenwasser und
vielen Spezialitäten mehr zelebriert. Dabei
fließt das frisch gezapfte Wenzeslausbier
in Strömen. Und der Wirt weiß so manchen
Schwank aus der Dübener Heide zu erzäh-
len.

EISENMOORBAD BAD SCHMIEDEBERG

**EISENMOORBAD
BAD SCHMIEDEBERG**

KURPROMENADE 1
06905 BAD SCHMIEDEBERG

TELEFON   03 49 25 – 6 30 37
TELEFAX   03 49 25 – 6 29 00

Wo Wotan seinen Speer in die Erde stieß, sprang eine Quelle empor und so schmückt manchen modernen Badeort uralte Legende. Bad Schmiedeberg kann mit keinem göttlichen Ursprung werben und doch fließen auch in diesem traditionsreichen Kurort heilbringende Quellen. Seit 125 Jahren wird in dem hübschen Städtchen mit eisen- und schwefelsauren Salzen angereichertem Moor vor allem für Heilung und Linderung bei orthopädischen und gynäkologischen Erkrankungen gesorgt. 1905/08 erbaute man das Kurhaus. Der elegante Linienschwung jener Zeit fließt noch heute durch Treppenhaus und Flure, durch Festsaal und Spielsalon; findet sich in dem Bemalungen der Decken und in den kostbaren Bleiverglasungen der Fenster wieder. Die schon zur DDR-Zeit begonnene Restau-

rierung dieser einzigartigen Jugendstilarchitektur wurde nach der Privatisierung 1991 vollendet. Heute ist das Haus eine wahre Augenweide. Doch der neue Hausherr, die Eisenmoorbad Bad Schmiedeberg-Kur-GmbH, wollte nicht nur architektonisch sondern auch therapeutisch eines der attraktivsten und modernsten Gesundheits-

fluoridhaltige Wasser, die vor allem gut gegen Karies, Osteoporose und Magenstörungen sind. Das stärker mineralisierte Wasser des Bad Schmiedeberger Kurfürstenbrunnens führt Edelgas Radon. Neben Moor und den Mineralwässern setzt man in Bad Schmiedeberg auch auf die immunstärkende, zellstoffwechselanregende und die körpereigenen Selbstheilungskräfte stimulierende Wirkung dieses dritten natürlichen Heilmittels, das über Bäder oder durch Trinkkuren im Körper wirkt. Doch bei allen Wundern der Medizin – nicht zuletzt weckt auch die leichte vitaminreiche Kost des Hauses und natürlich die stille heitere Landschaft des Naturparks Dübener Heide die Lebensgeister.

KOHLRABICREMESÜPPCHEN IM KOHLRABIHAUS

Zutaten für 1 Person

1 frischer Kohlrabi mit Blattwerk
40 g geschälte Kartoffeln
10 g Speck, feingewürfelt
10 g Zwiebel, feingewürfelt
20 ml Sahne, flüssig
10 g Lachsschinken
5 g Butter
Salz, Pfeffer weiß, Feinwürzmittel
Brühe bzw. Brühpulver und Wasser

Zubereitung

Wurzel vom Kohlrabi gerade abschneiden, um festen Stand zu haben. „Kohlrabikopf" mit Blattwerk gerade abschneiden, kühl und feucht lagern. Kohlrabi mit einem Parisienne-Ausstecher aushöhlen, Kohlrabifleisch mit Kartoffel und Brühe kochen. Die gekochte Masse pürieren und durch ein Haarsieb streichen. Den ausgelassenen Speck mit glasig angeschwitzten Zwiebeln dazugeben, die gesamte Masse aufkochen, Sahne dazugeben und abschmecken. Das ausgehöhlte Kohlrabihaus heiß ausspülen und die Suppe portionieren. In Butter angeschwitzte Lachsschinkenstreifen in die Suppe geben, den Kohlrabikopf (Deckel) aufsetzen und servieren. Evtl. mit Kapuzienerkresse garnieren.

Zentren Deutschlands schaffen. Dafür investierte er bis 2002 insgesamt 130 Millionen Euro. Nun rahmen den Kurplatz mit Trinktempel und Schwanenteich auch das neue Kurmittelhaus und zwei Rehabilitationskliniken ein. In dem spannenden Architekturensemble harmonieren Tradition und Moderne. Glas, Natursteinböden aus poliertem Granit und warme naturfarbene Holztäfelungen geben dem Kurmittelhaus komfortable Wohnlichkeit. Auch die 179 Patientenzimmer der angeschlossenen Klinik erinnern eher an ein Vier-Sterne-Hotel. Schmuckstück des Kurmittelhauses ist das lichtdurchflutete Hallenbad, dessen Tiefgang durch einen beweglichen Boden verändert werden kann. Im Einklang mit klassischer und modernster Medizin stehen in Bad Schmiedeberg die natürlichen Heilmittel im Mittelpunkt. Bohrungen brachten gleich zwei Heilwässer zu Tage. Im Trinktempel der Schmiedeberger Kurpromenade fließen nun

SORBISCHE SPEZIALITÄTEN IN DER OBERLAUSITZ

Wissen Sie, was serbska kwasna poliwka ist? Eine sorbische Hochzeitssuppe. In der Oberlausitz werden nicht nur ganz besondere Gerichte serviert, hier spricht man auch eine ganz eigene Sprache. Die Sorben, so sagt man, seien ein fleißiger Menschenschlag, dessen Güte und Herzlichkeit sich oft – wenn sie deutsch reden – hinter der derb und polterig klingenden Oberlausitzer Mundart verbirgt. So hart rollt hier das „R", dass die Oberlausitzer selbst von sich sagen, sie hätten „a Radl a dr Gurgl". Vor allem aber ist es günstigen historischen Umständen zu verdanken, dass die Sorben als kleine ethnische Minderheit ihre sprachliche und kulturelle Eigenständigkeit bewahren konnten. Knapp 60 000 Menschen sprechen laut Statistik die Sprache, die dem Tschechischen, Slowakischen und Polnischen so verwandt ist. Die Sorben, oft auch als Wenden bezeichnet, sind neben den Dänen, Friesen sowie den Sinti und Roma eine vierte in Deutschland lebende nationale Minderheit. Im 6. Jahrhundert wanderten die Sorben gemeinsam mit anderen slawischen Stämmen in dieses Gebiet, das sie sich friedlich mit den Nachkommen deutscher Kolonisten teilten. Doch ihre Sprache, ihr Brauchtum haben sie bewahrt. Vielen Kindern ist das Sorbische noch immer Muttersprache. Es gibt Grund- und Mittelschulen, in denen auf sorbisch unterrichtet wird. Zweisprachige Ortsschilder führen heute den Fremden durch die Orte der Oberlausitz. Auch in vielen Bereichen der Kultur, in Literatur, Theater selbst im Fernsehen ist das Sorbische noch lebendig, am schönsten aber entfaltet es sich in alten Festtagsbräuchen. Wenn im Januar die Tage allmählich länger

werden, freuen sich die Kinder auf die „Vogelhochzeit". Sie stellen einen Teller auf das Fensterbrett, der ihnen zum Dank dafür, dass sie im Winter die Vögel gefüttert haben, mit allerlei Süßigkeiten, vor allem aus Mehlteig gebackenen Vögeln, gefüllt wird. Mit dem Osterfest wird der Frühling begrüßt. Kaum jemand kann die Ostereier so prächtig verzieren, wie die Sorben. Da wird gewachst, gekratzt, geätzt, bossiert. Kein Ei gleicht dem anderen. Das Osterreiten im Städtedreieck Bautzen-Kamenz-Hoyerswerda ist weit hinaus über die

Grenzen der Oberlausitz bekannt. In neun Prozessionen tragen mehr als tausend Reiter die Botschaft von der Auferstehung Christi über Feld und Flur. Der im Glauben vorchristlicher Zeit wurzelnde Brauch vereinigt seit Jahrhunderten die Burschen und Männer in stolzen Prozessionen. Auch in der Gemeinde Radibor, sorbisch Gmejna Radwor, inmitten der Oberlausitzer Heide- und Teichlandschaft, schwingen sich am Ostersonntag schmucke Reiter in Frack und Zylinder auf die geschmückten Rosse. Mehr als zwei Drittel der Radiborer sind Sorben.

Dass es zum traditionellen Osterwasserholen keine Statistik gibt, liegt in der Natur der Sache: Das heilkräftige und Schönheit bescherende Wasser muss des nachts stillschweigend aus fließenden Gewässern geschöpft und heim gebracht werden. Sprechen und Lachen bricht den Zauber und macht aus dem Schönheits- ein Plapperwasser. Ähnlich heidnisch mutet die „Hexenverbrennung" am Abend des 30. April an. Das sorbische Museum in Bautzen zeigt eine umfangreiche Sammlung zur Geschichte der Sorben. Nur ein paar

Schritte weiter durch die Gassen der mittelalterlichen Stadt, die das kulturelle und politische Zentrum der Sorben ist, duftet es im Gasthaus „Wjelbik" appetitlich nach sorbischer Hochzeitssuppe.

SORBISCHES RESTAURANT „WJELBIK"

zener Schlachteplatte tummeln sich Semmel- und Grützewürstchen, Wellfleisch, Sauerkraut und Kartoffeln. Gerne trifft man sich zu „Sorbischen Abenden", an denen die Gäste mit Brot und Salz empfangen werden. Dem herzlichen Willkommen folgt das traditionelle sorbische Hochzeitsmenü. Nach der Hochzeitssuppe gibt es gekochte Rinderbrust (pro Person mindestens ein Pfund) zu Meerrettichsoße und Brot, später Kalbsbraten mit Knödel, Holundercreme und

SORBISCHES RESTAURANT „WJELBIK"

KORNSTRASSE 7
02625 BAUTZEN-BUDYŠIN

TELEFON   0 35 91 – 4 20 60
TELEFAX   0 35 91 – 4 20 60

𝔐itten in der tausendjährigen Altstadt Bautzens, oder Budyšins, wie sie die Sorben nennen, gibt es ein Restaurant, das sich kulinarisch der Lausitzer Geschichte verschrieben hat. Schon der Blick in die Speisekarte zeigt, man ist zwar in Sachsen und doch ist vieles hier anders – eben sorbisch. Wer im „Wjelbik" einkehrt, lernt auf schönste Weise Tradition und Gegenwart des kleinsten slawischen Volkes kennen. Die Wirtsleute Veronika und Stefan Mahling sprechen die Sprache ihrer Vorfahren, die Nichte serviert mit freundlichem Lächeln und in hübscher Tracht sorbische und Lausitzer Spezialitäten. Da dampft in tiefen Tellern die Sorbische Hochzeitssuppe mit Eierstich, Fleischklößchen und Gemüsestreifen, die Oberlausitzer Holundersuppe wird mit Zwieback serviert, auf der Baut-

Gebäck. Die sorbische Küche, im Grunde eine Bauernküche, hat sich im „Wjelbik" in urwüchsiger Originalität erhalten. „Wjelbik" – das ist selbstverständlich auch ein sorbischer Name, er benennt ein „kleines Gewölbe", ein kellerartiges Gelass, eine Speisekammer, in der Vorräte für Küche und Herd aufbewahrt werden. Das Gewölbe aus braunem Felsgestein ist 600 Jahre alt. Das große bunte Glasfenster mit Motiven aus dem Leben der Sorben aber stammt noch aus den 1970er Jahren, wie die gesamte Inneneinrichtung wurde es von sorbischen Künstlern gestaltet.

Sorbisches Hotel Dom-Eck

Sorbisches Hotel Dom-Eck

Breitengasse 2
02625 Bautzen-Budyšin

| Telefon | 0 35 91 – 50 13 30 |
| Telefax | 0 35 91 – 50 13 34 |

www.sorbisches-hotel-dom-eck.de

„Dajće sebi słodźeć" – lassen Sie es sich gut schmecken im „Wjelbik". Bei solch herrlichem Hochzeitsgelage kann es allerdings spät werden. Da zieht der Wirt ein weiteres Ass aus dem Ärmel und bietet dem müden Gast ein kuscheliges Bett im kleinen Hotel gleich um die Ecke an. Nur wenige Schritte Richtung Dom, schon kann man sich in einem der 12 Doppelzimmer zur Ruhe begeben. Vor wenigen Jahren ließen die Mahlings das Haus in der Altstadt liebevoll sanieren und von sorbischen und deutschen Künstlern gestalten.

Die Lage des Hauses erweist sich übrigens auch noch am nächsten Morgen als ideal. Es befindet sich nämlich unmittelbar gegenüber dem St. Petri-Dom, der einzigen Simultankirche in den neuen Bundesländern.

Seit 1524 wird der Chorraum von den Katholiken und das Langhaus von den Protestanten genutzt. Waren auch die einzelnen Räume noch bis in die 50er Jahre durch hohe Gitter getrennt, leben doch sorbische Protestanten und Katholiken schon seit der Reformation gut miteinander, wie auch das Ehepaar Mahling. Darauf einen „Moja lubka" - der hauseigene Kräuter-Trunk „mein Liebchen" wird sowohl im „Wjelbik" als auch im kleinen Hotelrestaurant kredenzt. Ansonsten trinkt man bei den Mahlings gern sächsischen Wein und heimisches Bier aus der nahen Wittichenauer Brauerei.

Gebackener Karpfen aus dem Ofen mit Wurzelgemüse-Rauten und Kartoffeln

Zutaten für 4 Personen

1,5 kg Karpfen, ausgenommen und gespalten
Zitronensaft, Meersalz, Pfeffer, Grieß-Paprika-Mischung, Rapsöl, 0,4 kg Möhren, 0,2 kg Porree
Meersalz, Rohrzucker, Muskat, Butter

Zubereitung

Der vorbereitete Fisch (ohne Kopf und Flossen) wird portioniert, mit Zitronensaft gesäuert, später mit Salz und Pfeffer gewürzt und in der Grieß-Paprika-Mischung gewendet. Danach den Fisch auf ein Backblech legen und mit Rapsöl einstreichen. Dann das Backblech für 20 Min. in den auf 170 °C vorgewärmten Umluftofen schieben.
Das Gemüse putzen und in Rauten schneiden, mit Salz, Zucker und Muskat würzen und in wenig Butter bissfest dünsten. Dazu servieren wir Salzkartoffeln.

SCHLOSS-SCHÄNKE

Kerzen. Die dunkle Balkendecke, das die mittelalterliche Vergangenheit des Hauses geschickt adaptierende Mobiliar, einfach alles strahlt hier Wärme aus. Selbst der dekorative Kamin, der nie angezündet wird, weil er die kleinen Räume zu stark erhitzen würde. 1991 erwarb die Familie Rösner das alte Haus, in das sie sich schon lange verliebt hatte. Sie investierte viel Zeit und Geld, um das fast schon ruinöse Gebäude behutsam zu sanieren und auszubauen. Fast drei Jahre lang dauerte die Wiederbelebung des denkmalge-

Mitten in Bautzen gibt es einen Ort, der uns von einer Sekunde auf die andere vom Alltagsstress befreite: Die Schloss-Schänke, ein weinlaubumsponnenes Haus am königlichen Berglehn, über dessen Portal weithin sichtbar zwei Zahlen zu lesen sind, 1431 und 1993. Eine junge Dame im nostalgischen Linnenkleid begleitet uns lächelnd in die Kaminstube. Auf den festlich mit Zinn und Glas eingedeckten Tischen brennen

schützten Hauses, das am 29. Februar 1996, 662 Jahren nach der ersten urkundlichen Erwähnung dieses Grundstückes, wieder eröffnet wurde. In grauer Vorzeit hatte es einmal den Franziskanermönchen gehört. Später in weltlicher Hand, wurde das Gebäude ab 1839 als Schenke genutzt. Neun Jahre danach ging neben Brot und Branntwein erstmals auch Bier über den Tresen. Heute fließen hier edle Weine. Aus

SCHLOSS-SCHÄNKE

BURGPLATZ 5
02625 BAUTZEN

TELEFON   0 35 91 – 30 49 90
TELEFAX   0 35 91 – 49 01 98

GEÖFFNET: TÄGLICH 11-24 UHR
JANUAR UND FEBRUAR MONTAG BIS
SAMSTAG AB 17 UHR, SO 11-24 UHR

HIRSCH-MEDAILLONS AUF WHISKY SAUCE

Zutaten für 4 Personen

12 Hirsch-Medaillons aus dem
Rückenfilet zu je 60 g

Gewürzmischung für die Medaillons

2 TL Paprika edelsüß
1/2 TL Kreuzkümmel, gemahlen
1/2 TL Koriander, gemahlen
1/2 TL Salz
1/2 TL schwarzer Pfeffer
1/4 TL Chili, gemahlen

Whisky –Sauce

1 TL Keimöl
125 ml Wildjus
3 TL Tomatenmark
125 ml Whisky
Sherry-Essig
5 Schalotten, fein gewürfelt
1 Chilischote, entkernt und feingehackt
1 Dose geschälte Tomaten ohne Saft
2 TL brauner Zucker
Salz, Pfeffer

einer einstmals verräucherten Schänke
wurde ein exquisites Restaurant, das inzwischen vom Sohn David Rösner, der
im Romantik-Hotel Feuchtwangen sein
Handwerk gelernt hat und sich eine Zeit
lang den Wind in England um die Nase
wehen ließ, geleitet wird. Küchenchef Peter
Hedwig kocht eine moderne frische Küche
deutscher Art, die offen für frankophile
Einflüsse ist. Es gibt ein Lausitzer Quark-
Potpourri aber auch die Barberie-Entenbrust
auf Apfel-Calvados-Soße mit Zucchini-
Kräuter-Ragout und gelben Nudeln.
Verführerisch schon beim Lesen der Karte:
das Piccata vom Schweinefilet á la Bocuse
mit Steinpilzrisotto. So gemütlich die Große
und Kleine Kaminstube, Ritterstübchen und
Weinkeller auch sind, im Sommer speisen
die Gäste am liebsten im Biergarten und
auf der Weinterrasse, umgeben von den
architektonischen Zeugen Bautzens langer
Geschichte.

Zubereitung

Die Schalotten mit dem Gemüse in
Öl dünsten. Gehackte Chili und alle
anderen Zutaten dazugeben und ca.
1 Std. langsam köcheln lassen. Mit
dem Mixstab pürieren und durch
ein Sieb streichen. Mit der Gewürzmischung abschmecken.
Die Hirschmedaillons auf beiden
Seiten ca. 2 Min. braten. Dazu schmecken Rosmarinkartoffeln.

Oberlausitzer Heide- und Teichlandschaft

𝔐orgensonne lässt die eben noch dunkle Fläche der Teiche glitzern. Wind wiegt das Schilf am Uferrand. Unbeweglich steht dort der Fischreiher, im Wasser lauert der gefräßige Kormoran auf Beute, auch der pfeilschnelle Eisvogel ist schon da. Rund 1000 Teiche prägen die Landschaft im Norden der Oberlausitz. Das größte zusammenhängende Teichgebiet Deutschlands ist eine uralte Kulturlandschaft, die Seeadlern, Weißstörchen, Fischottern und zahllosen Fröschen Heimat ist. Das Anlegen der Teiche, die ersten entstanden bereits durch slawische Siedler im

Oberlausitzer Heide- und Teichlandschaft

Touristische Gebietsgemeinschaft „Heide und Teiche im Bautzener Land e.V."
Hauptstrasse 12B
02699 Königswartha

Telefon   03 59 31 – 2 12 20
Telefax   03 59 31 – 2 00 21

7. Jahrhundert, ist eine der seltenen Kultivierungsleistungen des Menschen, in deren Folge ökologische Vielfalt nicht nur bewahrt, sondern sogar vermehrt werden konnte. Libellen schwirren über Wasserlilien und Orchideen. Der Grund für die Erschaffung dieser Idylle aber war eher prosaischer Natur. Im 13. und 14. Jahrhundert bemühten sich vor allem die Klostermönche um die Vermehrung ihrer Fastenspeise Fisch. Später widmeten sich die Rittergüter dem Ausbau der Teiche. Im 15. und 16. Jahrhundert war die Fischerei im Gebiet des heutigen Biosphärenreservates der bedeutendste Erwerbszweig. Neben dem widerstandsfähigen schnellwüchsigen Karpfen tummeln sich Schleie, Hechte, Barsche und

Zander im flachen Wasser. 343 Teiche gibt es im insgesamt 30.102 Hektar großen UNESCO-Biosphärenreservat, durch dessen zauberhafte Landschaft gut beschilderte Wanderwege führen. Ob zu Fuß, beispielsweise über den zwei Kilometer langen Naturlehrpfad „Guttauer Teiche", oder per Rad über den Frosch- und den Spree-Radweg, hier kann man das ganze Jahr über frische Luft, Ruhe und in gemütlichen Landgasthöfen einheimischen Fisch genießen. Hauptsaison aber hat der Karpfen zu den Lausitzer Fischwochen im Herbst.

GASTGEBER DER ERSTEN LAUSITZER FISCHWOCHEN

Achat Hotel, 02977 Hoyerswerda

Due Amici Ristorante Goldene Höhe Rabitz, 02627 Kubschütz

Erbgericht Rammenau, 01877 Rammenau

Landhotel Erbgericht Tautewalde, 02681 Wilthen, (s. S. 146)

Gaststätte und Pension Forsthaus, 02956 Rietschen

Hotel Goldener Adler, 02625 Bautzen

Klosterstübel, 01920 Panschwitz-Kuckau

Michauks Wild- & Fischgaststätte und Pension, 02999 Uhyst OT Rauden

Gaststätte & Pension Olbastüb`l Wartha, 02694 Guttau OT Wartha

Hotel & Landgasthof Quirle-Häusl, 02799 Waltersdorf

Restaurant Spreetal und Landhotel zur guten Einkehr, 02692 Grubschütz

Landhotel Zum Heideberg, 02906 Kollm

Zur Ausspanne, Landgasthof mit Pension, 01936 Straßgräbchen

Hotel und Gasthaus Zur Linde, 01920 Lehndorf

Kreba-Fisch GmbH, 02906 Kreba (s. S. 144)

Teichwirtschaft Bräuer Weissig, 01920 Weissig

Teichwirtschaft & Fischzucht Ringpfeil, 02999 Wartha/Knappensee

Teichwirtschaft Klitten, 02906 Klitten,

Teichwirtschaft Paultheo v. Zezschwitz/ Deutschbaselitz, 01917 Kamenz,

Teichwirtschaft Uhyst, 02999 Uhyst

Informationszentrum Sächsische Teichwirtschaft (Fischereiausstellung), 02694 Guttau

Museum der Westlausitz, Elementarium, 01917 Kamenz

Naturschutzstation Schloss Neschwitz e.V. mit Fischereihof Kleinholscha, 02699 Neschwitz (s. S.142)

Biosphärenreservatsverwaltung, www.biosphaerenreservat-oberlausitz.de

Aktuelle Informationen über die Oberlausitzer Fischwochen finden Sie unter www.oberlausitz.com

FISCHEREIHOF KLEINHOLSCHA

FISCHEREIHOF KLEINHOLSCHA
NATURSCHUTZSTATION
NESCHWITZ E.V.

KLEINHOLSCHA NR. 7
02699 NESCHWITZ

TELEFON   03 59 33 – 3 19 00
TELEFAX   03 59 33 – 3 00 78

AB OKTOBER JEDEN FREITAG AUF
DEM FISCHEREIHOF FISCHVERKAUF.
ÖFFNUNGSZEITEN: 10-15 UHR

Am Rand des Biosphärenreservates Oberlausitzer Heide- und Teichlandschaft haben sich die fünfzehn Mitarbeiter der Naturschutzstation dem Schutz und der Pflege dieser uralten Kulturlandschaft mit ganz besonderen Mitteln verschrieben. Da bekanntlich Liebe durch den Magen geht, entwickelten sie ein „kulinarisches Programm", mit dem sie nun auch anderen Menschen die Schönheit dieser Landschaft ans Herz legen möchten. Bei Kräuterwanderungen und Brotbacken, beim Fischräuchern und Kochen von Wildfruchtgelees können die Gäste hier die Natur nicht nur sehen - sie können sie fühlen, riechen und vor allem schmecken! Dabei haben schon viele ihre Meinung über Löwenzahn, Brennnessel, Schafgarbe, Wegerich und Giersch geändert, denn die sogenannten

Unkräuter sind Vitamine zum „Null-Tarif" und können den Speiseplan überraschend bereichern. Wussten Sie, dass Knospen von Gänseblümchen in Essig eingelegt, wie Kapern schmecken oder dass in Teig gebackene Brennesselblätter, Rouladen aus Huflattichblättern und Salat aus Vogelmiere

nicht nur sehr gesund, sondern auch Delikatessen sind? Wer denkt heute noch bei Marmelade an Brombeerbüsche, bei Fruchtaufstrich an Hagebuttensträucher oder bei Obstgelee an die Eberesche? Von April bis Mitte Juni lädt die Naturschutzstation zu Wildkräuter-Exkursionen in die reizvolle Park- und Wiesenlandschaft um Neschwitz ein, September und Oktober sind die Wildfrucht-Monate. Nach den Wanderungen kann man die „wilden Köstlichkeiten" auf dem zur Naturschutzstation gehörenden Fischereihof Kleinkölscha verkosten. Pimpinelle und Zitronenmelisse wachsen neben vielen anderen nützlichen Pflanzen im hofeigenen Kräutergarten. Rasch ist zwischen den Seminaren ein Tee aufgebrüht oder das Pausenbrot mit frischem Kräuterquark belegt. Durch umfangreiche Restaurierungs- und Bauarbeiten wurde der alte Fischereihof zu neuem Leben erweckt. Besucher finden gemütliche Übernachtungsmöglichkeiten. Er ist auch ein beliebtes Ziel für Klassenfahrten. Ferien auf dem alten Fischereihof sind mit Brotbacken und Fischräuchern spannender als jedes Fernsehprogramm. Für Kinder und Jugendliche finden zu allen

Jahreszeiten Feriencamps und Projekttage statt. Jungs bevorzugen das „Jugend-Angler-Camp", Mädchen das „Kräuterhexen-einmaleins". Aber auch Erwachsene sind eingeladen „dem Fischer über die Schulter zu schauen". Bei Räucherfisch und Fischsuppe erfährt man im Oktober und November viel Wissenswertes über die Teichlandschaft. Nach dem Abfischen der drei zur Naturschutzstation gehörenden Teiche werden die Karpfen, Schleie und Hechte aus den hofeigenen Hälteranlagen zum Verkauf angeboten. Kulinarischer Höhepunkt ist das Herbstfest im Oktober mit viel Fisch – frisch geschlachtet und geräuchert, mit frisch gebackenem Brot aus dem Steinbackofen und mit Gelees und Säften heimischer Wildfrüchte.

Neschwitz

Kräuter-Schmalzbrote

Zutaten

Schweineschmalz
Frisches Schwarzbrot
Quark
Salz
Säuerliche Äpfel
Zwiebeln
Kräutermischung: z.B. Löwenzahn, Sauerampfer, Bärlauch, Schafgarbe, Giersch, Brunnenkresse, Barbarakraut, Taubnessel, Gundelrebe

Zubereitung

Die Schwarzbrotscheiben kräftig mit Schweineschmalz bestreichen und gut salzen. Fingerdick Quark darüber geben. Säuerliche Äpfel recht klein hacken. Zwiebeln und hauchdünne Ringe schneiden. Die Brote damit belegen und die feingehackten Wildkräuter darauf streuen. Am besten schmeckt Bier dazu!

KREBA-FISCH GMBH

ziehen das schwere Netz weit auseinander, dann waten sie langsam aufeinander zu. Die Karpfen beginnen zu drängeln, schlagen mit den Schwänzen, spritzen und springen. Doch keiner kann mehr entwischen. Die „Ein- und Zweisömmerigen" verlassen ihre Kinderstube und kommen in die tieferen Winterteiche. Die „Dreisömmerigen" sind schlachtreif. Bis sie in der Pfanne landen, dürfen sie noch ein wenig in den großen Hälterbecken umherschwimmen. Doch Weihnachten und Silvester, die Feste, zu denen der Karpfen von je her kulinarischer Höhepunkt ist, sind nahe. Am Ufer der „Schwarzen Lache", mit 78 Hektar der größte der 52 Krebaer Teiche, feiern seit mehr als 50 Jahren Tausende Besucher jeweils am dritten Oktoberwochenende das Fischerfest. Das Reich der sechs in der KREBA-Fisch-GmbH vereinten selbstständigen Teichwirtschaften, das größte Unternehmen dieser Art im ostsächsischen Raum, reicht weit

KREBA-FISCH GMBH

HOYERSWERDAER STRASSE 18
02906 KREBA

TELEFON   03 58 93 – 62 43
TELEFAX   03 58 93 – 64 88

VERKAUF IN DER SATZFISCHANLAGE SPROITZ
MONTAG – DONNERSTAG 8-15 UHR
FREITAG 8 – 17 UHR
BESTELLUNGEN UNTER TELEFON
0 35 88 – 20 59 30

𝕭is zu den Knien stehen die Männer in der „Schwarzen Lache" und ziehen ein Netz voller Fische an Land. In sicherer Entfernung steht der Graureiher, neben dem Kormoran kein besonders guter Freund der Fischer. Am Himmel segeln Möwen. Herbststurm pfeift Eichenblätter über den langen Damm zwischen den Krebaer Teichen. Bei Wind und Wetter wird in der Oberlausitzer Heide- und Teichlandschaft abgefischt. Doch was sich den Zuschauern als ein archaisches Bild voller Fischerromantik darbietet, ist Knochenarbeit. Die Männer

über Kreba hinaus, es umfasst insgesamt 250 Teiche mit insgesamt 1760 Hektar Nutzfläche. Die meisten befinden sich im Biosphärenreservat. Hier werden Schleie, Hechte, Zander und Welse gezogen. In besonderen Anlagen züchtet man auch Forellen und Störe. Wichtigstes Produkt, mit ca. 800 Tonnen pro Jahr sozusagen der Brotfisch, ist der Lausitzer Spiegelkarpfen, so genannt, nach den wenigen großen Schuppen an den Flossenansätzen. Die flachen Teiche eignen sich gut für die wärmeliebende Fischart, die erst ab etwa 18 °C

Wassertemperatur effektiv Futter in Körpermasse umsetzt. Das bedeutet auch, der Karpfen wächst nur im Sommer. So braucht er drei Jahre, bis er die Speisefischgröße von ca. 1 500 g erreicht hat.

Daneben müssen natürlich immer wieder „Ein- und Zweisömmerige" in ausreichenden Mengen erzeugt werden. Doch ohnehin ist die Satzfischproduktion ein wichtiges Standbein für die KREBA-Fisch GmbH.

Wobei naturverträglich gewirtschaftet wird: Wurden vor der Wende noch bis zu 1500 kg Fisch pro Hektar erwirtschaftet, hat man heute auf gleicher Fläche einen Ertrag von etwa 800 kg. Es geht den Fischern von Kreba und Co. nicht um eine Intensivierung der Fischproduktion um jeden Preis sondern auch um den Erhalt dieser einzigartigen Kulturlandschaft. Das Unternehmen entstand 1992 mit dem Ziel, die Teichwirtschaft traditionsbewusst unter marktwirtschaftlichen Bedingungen fortzusetzen. Da in der Oberlausitz mehr Fisch produziert wird, als regional vermarktet werden kann, ist der Großhandel ein wichtiger Absatzmarkt. Inzwischen bekommt man den Lausitzer Karpfen in vielen Geschäften zwischen Schleswig-Holstein und Bayern zu kaufen.

Beim Partner in „Caldenhof-Fisch" bei Osnabrück wird der Fisch filetiert, gefrostet und landet als „Sächsischer Spiegelkarpfen" auch in den Supermärkten. Doch zurück in die Lausitz. Sowohl bei den Schaufischveranstaltungen in Kreba als auch in Königswartha wird der Karpfen tausendfach an den Käufer gebracht. Gebraten, geräuchert und als Süppchen. Auch auf den Märkten in Görlitz und Dresden kann man Lausitzer Spiegelkarpfen kaufen oder im unternehmenseigenen Fischladen in Sproitz.

LANDHOTEL ERBGERICHT TAUTEWALDE

blättchen. Seine Kreationen haben einen französischen Akzent. Der Feinschmecker Guide urteilt: „Das beste Lokal der Oberlausitz hat im Vergleich zum Vorjahr, sogar ein wenig zugelegt: Bei gewohnt freundlichem Service kann man sich an Steinbeißerfilet auf Passepierre mit Burgunder- Graupen- Risotto oder Spreewels mit Mittelmeergemüsen im Bouillabaiseschaum erfreuen".

LANDHOTEL ERBGERICHT TAUTEWALDE

02681 WILTHEN
OT TAUTEWALDE 61

TELEFON   0 35 92 – 3 83 00
TELEFAX   0 35 92 – 38 32 99

TÄGLICH GEÖFFNET,
RESERVIERUNGEN EMPFEHLENSWERT !

Noch umhüllt dichter Morgennebel die dicke Trauerweide vor dem Fenster, doch bald wird Vogelgezwitscher die wattige Stille zerpflücken, dann spielen die Sonnenstrahlen mit den Zweigen der Apfelbäume. Die Obstwiese hinter dem Landhotel ist der Paradiesgarten für die himmlische Küche der hübschen Herberge. Aus dem Kräutergarten weht der Duft des Südens. Küchenchef André Görner spart nicht mit Basilikum, Salbei, Kerbel und Estragon. Viele frische Kräuter wachsen in seinem Garten. Er liebt Zucchiniblüten und Minze-

Die Tester des Aral Schlemmer Atlas probierten eine Kalbsschwanzessenz mit Ravioli und Pistazien, Seeteufel auf Paprikacoulis sowie eine Nougatterrine im Baumkuchenmantel und kürten das Haus zum „Hort der Gastlichkeit mit einer bemerkenswerten Küche". Wir schlürften Boulliabaise von Oberlausitzer Teichfischen, löffelten Steckrübensüppchen mit Wachtelspiegelei, tafelten Navarin vom Wildschwein auf Holunderrotkohl und Semmelknödel – Mille feuille, schwelgten bei Pralinenparfait in grünem Pfefferschaum und vollendeten den Abend unter dem Gewölbe des mit 160 Sorten gut bestückten Weinkellers. Ach, wir wären so gerne viel länger geblieben, hätten in einem der schmucken Vier-Sterne-Zimmer am liebsten Urlaub gemacht, denn dieses 160 Jahre alte, rotgetünchte Haus ist ein Refugium der Gastlichkeit, dessen besonderen Charme das gelungene Zusammenspiel von feinem ländlichen Ambiente, raffinierter frischer Küche und freundlichem Personal ausmacht.
Für die Qualität des Hauses steht auch

3 EL Hummerbutter, 1 Hummer, ausgebrochen, glasig gegart, Butter, Meersalz

100 ml Fischfond, 30 ml Riesling, trocken, 2 Schalotten, 2 EL Olivenöl, 3 Champignons, 1 Knoblauchzehe, je 10 g Sellerie- und Fenchelwürfel, 80 g Butter, 50 ml Sahne, Kräuter, Nolly Prat, Salz, Pfeffer

Zubereitung

Seezunge abziehen, Lachs portionieren, Spinatblätter blanchieren.
Für die Farce Fischabschnitte anfrieren, mit Sahne, Eigelb, Gewürzen in der Moulinette pürieren und mit Cognac, Nolly Prat & Pernot abschmecken.
Aus Spinatblättern überlappend eine Spinatmatte auf ein Tuch legen, portionieren, trocken tupfen, Wildlachs darin einwickeln.
Seezungenfilets mit der Farce dünn bestreichen, Lachs-Spinatpäckchen auflegen, mit der Seezunge einwickeln, in Folie einrollen, ca. 12 Min. pochieren.
Für das Hummercouscous: Couscous und Schalotten in Olivenöl anschwitzen, mit Gefügelfond auffüllen, Gewürze zugeben, quellen lassen, Hummerbutter unterziehen, warm stellen.
Hummer in kleine Würfel schneiden, kurz in Butter sautieren, mit Meersalz abschmecken, unter das Couscous heben.
Austern brechen, dabei Fond in der Auster belassen.
Für die Beurre blanc: Schalotten- und Gemüsewürfel im Olivenöl farblos angehen lassen, mit Riesling ablöschen, Fumet angießen, langsam aufkochen, Kräuter zugeben, passieren, reduzieren.
Mit Sahne und Butter aufmontieren, abschmecken und aufschäumen.

Kerstin Mickan, die Direktorin des Landhotels. Als sie nach etlichen Lehrjahren in Gourmetküchen und bekannten Hotels der Welt in ihre Heimat zurückkehrte, wusste sie: „Solch eine Chance bekommt man selten. Hier kann ich etwas aufbauen." Das ist ihr gelungen. Viele Veranstaltungen und Tagungen finden einen angenehmen Rahmen. Auch die „Oberlausitzer Tafel" ist in vieler Munde, wenn sich Experten aus Politik, Kultur und Wirtschaft treffen, diskutieren und die herrlichen Speisen genießen, deren Zubereitung man übrigens durch die große Glaswand zwischen Küche und Hotelinnenhof beobachten kann.

PRALINE VON DER SEEZUNGE
& SCHOTTISCHEN SEELACHS MIT GILLARDEAU-
AUSTER AN HUMMERCUOSCOUS IN EINER
BEURRE BLANC

Zutaten für 10 Personen

5 Atlantik-Seezungen, 500 g Filet vom schottischen Seelachs, 10 Gillardeau-Austern, einige Blätter Blattspinat, Salz, Pfeffer

200 g Fischfilet (Abschnitte von Seezunge & Lachs), 140 g Sahne 30%, 1 Eigelb, Salz, Cayennepfeffer

120 g Couscous, 200 ml Gefügelfond, 2 EL Olivenöl, 1 Schalotte, Salz, Raz el hanut,

ROMANTIK HOTEL TUCHMACHER

ensemble, zu dem nicht nur das älteste Renaissancehaus nördlich der Alpen sondern auch eine Zigarrenfabrik aus dem 19. Jahrhundert gehört. Die nicht einfache Aufgabe, aus dem verschiedenartigen hufförmigen Anwesen ein homogenes Hotel zu schaffen, lösten sie mit Bravour. Doch allein drei Monate brauchte es, um eine plötzlich wiederentdeckte Barockdecke in den Originalzustand zu verset-

ROMANTIK HOTEL TUCHMACHER

PETERSTRASSE 8
02826 GÖRLITZ

TELEFON 0 35 81 – 4 73 10
TELEFAX 0 35 81 – 47 31 79

GEÖFFNET: MONTAG AB 18 UHR,
SONST TÄGLICH 12-15 UND AB 18 UHR.

Görlitz, die östlichste Stadt Deutschlands, seit 1945 durch die Neiße deutsch-polnisch geteilt, ist mit 3600 denkmalgeschützten Gebäuden von Gotik bis Jugendstil der architektonische Geheimtipp dieses Buches. Kaum jemand weiß, dass Görlitz die Stadt mit den bundesweit meisten Renaissancehäusern ist. Die Neißstrasse folgt noch heute dem historischen Verlauf der „via regia" über den stillen Untermarkt, wo die Uhren von Ratsapotheke und Rathaus die Zeit noch in Sonnenschatten und Mondphasen zerlegen. Laubengänge und Arkaden schaffen mediterranes Flair. „Görlitz ist die schönste Stadt Deutschlands, das Tuchmacher ihr schönstes Hotel", bekannte Prof. Gottfried Kiesow, Vorsitzender der Deutschen Stiftung Denkmalschutz. Nach der Wende besuchte auch der Wuppertaler Unternehmer Dr. Hans-Joachim Vits die Stadt und war begeistert. Schließlich kauften er und seine Frau Erika das Gebäude-

zen. Aber der Aufwand hat sich gelohnt, 42 Zimmer und fünf Suiten ganz individueller Atmosphäre erwarten den Gast. Antiquitäten aus dem Familienbesitz, auch die Portraits der Urgroßeltern von Erika Vits sind mit nach Görlitz gezogen, dekorieren stilgerecht das altehrwürdige Gemäuer. Selbstverständlich, dass ein besonderes Haus auch eine besondere Küche vorzuweisen hat. Im Restaurant „Schneider-Stube"

wirkt der Tscheche Jiri Opocensky. Seit 20 Jahren lebt er schon in Deutschland, sieben Jahre lang führte er das Restaurant im Wuppertaler Golf-Hotel Juliana. In Görlitz bringt das Küchenteam verfeinerte regionale Gerichte, Schlesisches Himmelreich und Oberlausitzer Edelfischsuppe, ebenso auf die Karte wie ein Origi-nal Wiener Schnitzel oder geschnetzeltes Schweinefilet Züricher Art. Die Zickleinkeule mit dem frischen Herbstgemüse sieht nicht nur perfekt aus, sie schmeckt auch so. Das zarte Poularden-brüstchen Bombay an Curryrahmsoße zergeht auf der Zunge. Dem aufmerksamen Auge des Küchenchefs entgeht kein Wunsch - ob Aperitif, Speisekarte, Dessert, Cognac oder Zigarre.

GESCHMORTE ZICKLEINKEULE IN BAROLOSAUCE MIT ZWIEBEL-ROSMARIN-PÜREE

Zutaten für 4 Personen

2 Zickleinkeulen (oder 4, je nach Größe)
Salz, frisch gemahlener Pfeffer
12 EL feinstes Olivenöl
4 Zwiebeln, in Scheiben geschnitten
2 Knoblauchzehen, unzerschnitten
Rosmarinzweig
4 cl Cognac
1/8 l Barolo (italienischer Rotwein)
50 g Butter
grobgemahlene Korianderkörner
grobgemahlene Pfefferkörner
500 g mehligkochende Kartoffeln
100 ml Milch
etwas Cayennepfeffer, etwas frisch geriebene Muskatnuss

Zubereitung

Die Zickleinkeule mit Salz und Pfeffer einreiben. 3 EL Olivenöl in einem Schmortopf erhitzen und die Keulen darin rundherum anbraten. Herausnehmen und den Bratensaft mit Cognac ablöschen. Mit Barolo aufgießen. Backofen auf 150°C vorheizen. Die Zwiebeln und den Knoblauch zum Bratenfond geben. Einen Rosmarin-

zweig hinzufügen, die Zickleinkeule auf das Gemüse legen und unbedeckt zwei Stunden garen lassen. Butter und 5 EL Olivenöl in einem kleinen Pfännchen erhitzen. Koriander- und Pfefferkörner unterrühren und die Keulen immer wieder mit diesem Gemisch bestreichen. Die Kartoffeln schälen, halbieren und in wenig Salzwasser garen. Das Kochwasser abschütten, die Kartoffeln abdampfen lassen und sofort durch die Kartoffelpresse drücken. Die Milch erhitzen und abwechselnd mit dem restlichen Olivenöl unter die Kartoffelmasse rühren. Die Zickleinkeulen herausnehmen und mit Alufolie umhüllt warm stellen. Die Rosmarinnadeln abzupfen und fein hacken. Den Bratensaft mit den Zwiebeln durch ein Sieb gießen und auffangen. Gut abtropfen lassen. Zwiebeln und Knoblauch mit dem Stabmixer pürieren und mit den gehackten Rosmarinnadeln unter das Kartoffelpüree rühren. Mit Salz, Cayennepfeffer und Muskatnuss würzig abschmecken. Das Fleisch von den Keulen lösen, in Scheiben schneiden und mit dem Zwiebel-Rosmarin-Püree auf vorgewärmten Tellern anrichten. Die Barolosauce getrennt reichen.

SCHLOSSHOTEL ALTHÖRNITZ

entdecken. Alte Stuckdecken, die man erst bei der Restaurierung des Schlosses wiederfand, knarzende Parkettfußböden, eine alte Wendeltreppe und viele andere liebevoll wiedererweckte Details. Ursprünglich (1651-54) wurde das Althörnitzer Schloss vom Baumeister Valentin für den Zittauer Bürgermeister erbaut. Im 19. Jahrhundert fügte man noch einen Treppenturm und eine Vorhalle hinzu. Bis 1945 bewohnte die Familie von Sandersleben das Schloss, dann zogen Umsiedler ein und danach kamen die FDGB-Urlauber. Das Gebäude verkam, wie so viele in DDR-Jahren. Nun aber, nachdem ein Nachfahre derer von Sandersleben, ein Hotelier und die Gemeinde das Schloss erworben und denkmalgerecht aus- und umgebaut haben, kann man hier wieder fürstlich wohnen und speisen. Gleich mehrere „heiße Appetitanreger" stehen zur Auswahl, wie Consomme vom Wild mit Morcheln und ein Rahmsüppchen von Flusskrebsen. Schließlich ist man auch mit der Oberlausitzer Festtagssuppe bestens beraten. Schlossküchenmeister Mike Hänisch hat ein Händchen für heimische Küche, sein Repertoire aber ist international. Auf jeden Fall arbeitet er saisonal und verwendet am liebsten regionale Produkte. Die frischen Kräuter liefert ein Hobbygärtner aus der Umgebung. Im Parkteich schwimmen die Karpfen. Der Wildschinken wird im nahen Dorf Schlegel hausgeräuchert. Den Beweis seiner Kunst, Fleisch punktgenau zu garen, liefert der junge Koch auf der Schlossplatte „Valentin".

SCHLOSSHOTEL ALTHÖRNITZ

ZITTAUER STRASSE 9
02763 HÖRNITZ

TELEFON   0 35 83 – 55 00
TELEFAX   0 35 83 – 55 02 00

GEÖFFNET: TÄGLICH AB 17.30 UHR
SAMSTAG UND SONNTAG VON 11-14 UHR

$\mathcal{D}$er Anblick ist überraschend. Zunächst sieht man nur den Schlossbau aus dem 17. Jahrhundert, langsam schiebt sich dann ein Gebäude ins Bild, in dem so geschickt historische Stilelemente integriert sind, dass man sich im ersten Moment auf einem alten Gutshof wähnt, dann aber folgt der architektonische Clou, ein kühler Glas- und Stahlbau, der beide Häuser miteinander verbindet. Die Lösung ist genial. Renaissance trifft Moderne.

Da möchte man gerne hinter die Fassaden blicken. Es lohnt sich, hier gibt es viel zu

Für die Nusskruste

120 g Walnusskerne, 50 g Butter
40 g entrindetes Weißbrot
500 g Brokkoli

Für die Soße

4 cl Calvados, 100 ml Sahne
400 ml Schweinejus

Zubereitung

Die Kartoffeln mit der Schale weich kochen, danach pellen und etwas abdämpfen lassen. Dann passieren und das Eigelb, die Butter und Gewürze unterarbeiten. Die Kartoffelmasse in einem Spritzsack mit Sterntülle geben und in Rosetten auf ein Blech spritzen, bei 180 °C Oberhitze ca. 25 Min. backen.

Die Blättchen vom Brokkoli entfernen und die Brokkoliröschen am Strunk schälen und kreuzförmig einschneiden. Das Wasser mit Salz und Muskat würzen und zum Kochen bringen, den Brokkoli bissfest garen.

Die Mandeln mit Butter in einer Pfanne leicht bräunen und beim Anrichten über den Brokkoli geben.

Die Wallnusskerne fein hacken. Das Weißbrot zerbröseln und in Butter goldgelb rösten, zum Schluss die Wallnusskerne kurz mitrösten. Dann die Masse etwas erkalten lassen.

Das Schweinefilet in Medaillons schneiden und in Öl ca. 6 Min. bei mittlerer Hitze braten, danach die Wallnussmasse auf die Medaillons verteilen und im Grill gratinieren.

Den Bratensatz von den Schweinemedaillons in der Pfanne mit der Schweinejus und dem Calvados ablöschen und mit der Sahne verfeinern, danach durch ein Sieb passieren.

Die Soße nochmals abschmecken.

Das Beste von Hirsch, Känguru, Schwein und Barabarieente sind hier vereint, dazu gibt es Preiselbeerbirne und Pilzpastetchen. Doch „ohne Fleisch geht es auch". Dieses ganz eigene Kapitel der Speisekarte verführt nicht nur Vegetarier zum gesunden Schlemmen. Nur zu, anschließend kann man ja im 30.000 Quadratmeter großen Park, den einst ein Schüler des großen Gartengestalters Pückler anlegte, die Pfunde wieder abspazieren.

SCHWEINEMEDAILLONS UNTER DER WALNUSSKRUSTE AUF CALVADOSSOSSE AN MANDELBROKKOLI DAZU HERZOGINKARTOFFELN

Zutaten für 4 Personen

Für die Herzoginkartoffeln

800 g rohe Kartoffeln mit Schale,
2 Eigelb, 20 g Butter, 20 g Stärke,
Muskat, Salz, 1,2 kg Schweinefilet
für die Medaillons

Im Zittauer Gebirge

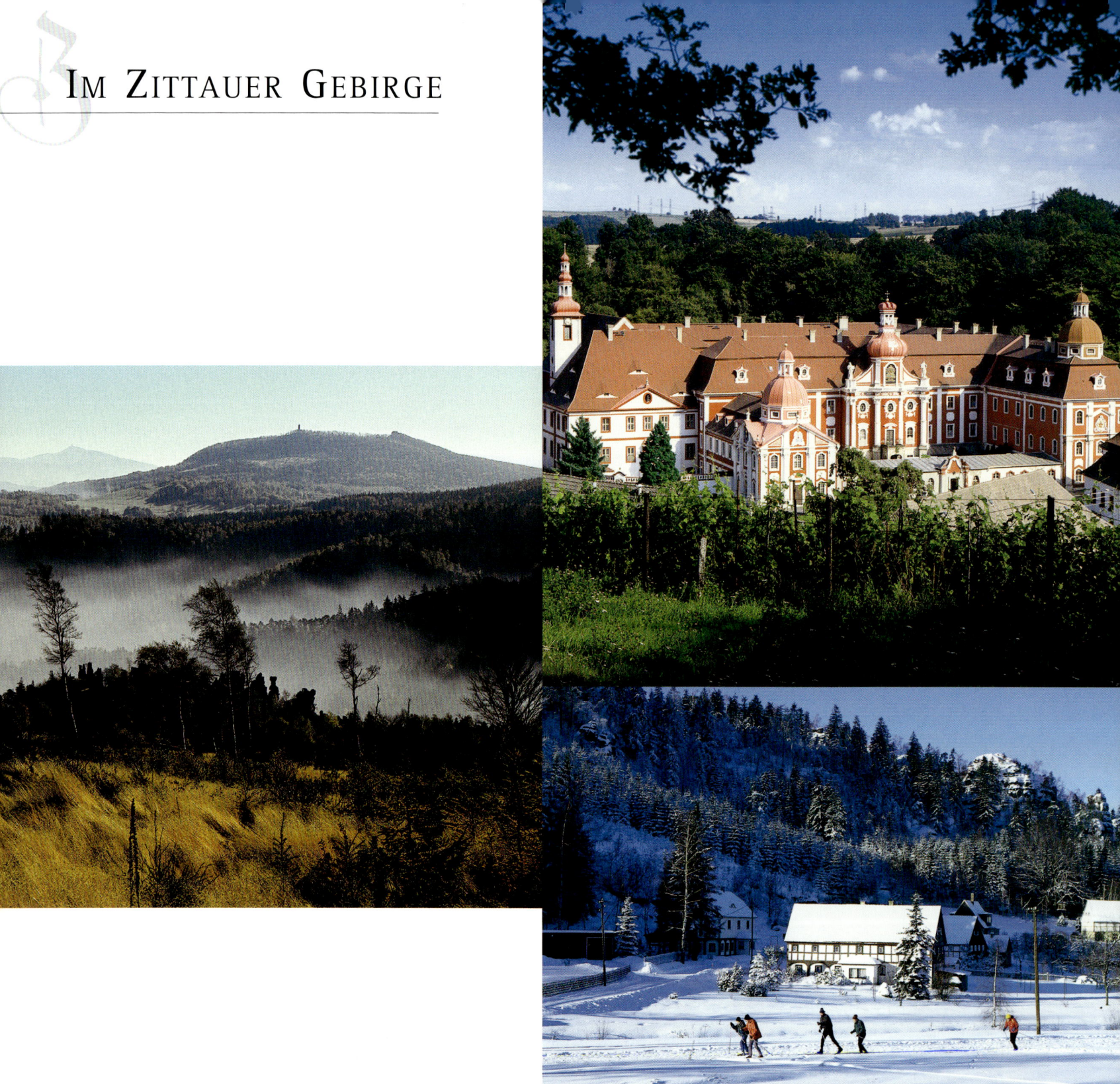

Die Oberlausitz schmücken zwei Superlative: Neben dem größten Teichgebiet findet man hier das kleinste Mittelgebirge Deutschlands. Bedächtig wie zu Urgroßvaters Zeiten dampft eine alte Bimmelbahn zwischen Zittau, Olbersdorf, Jonsdorf und Oybin hin und her. Nichts für hektische Gemüter. Dicker Qualm

quillt aus dem Schornstein der Schmalspurbahn, deren fröhliches Gebimmel heitere Ferienlaune verbreitet. Beschaulich trödelt sie durch das Bergland mit einer Flächenausdehnung von gerade mal 5 mal 15 Kilometern. Berge, die von weitem wie die Kegel kleiner Vulkane aussehen, und fabelhafte, von Wind und Wetter bizarr geformte Sandsteingestalten geben einen

märchenhaften Hintergrund für die alten Weberdörfer. Die Häuser hier tragen ein hölzernes Stützkorsett, das „Umgebinde", das die Gebäude einst vor den Erschütterungen der Handwebstühle schützen sollte, so jedenfalls wird es immer wieder erzählt. Allerdings gab es schon 1580 die ersten Umgebindehäuser in der Oberlausitz, also fast hundert Jahre bevor aus den Bauern-

dörfern Weberdörfer wurden. Vielleicht
brauchte man aber auch das viele Holz,
das bis dato für die in dieser Region typisch
slawischen Holzhäuser verwendet wurde,
für den heimischen Bergbau. Jedenfalls
entstand eine originelle Bauweise, die deut-
sches Fachwerk mit slawischem Blockbau
verbindet. Heute kann man hier urgemütlich wohnen und sich in Gasthöfen

Gewiegtebrutl mit Sauerkraut, deftige
Oberlausitzer Hausmannskost, und zum
Nachtisch Kleckskuchen servieren lassen.
Doch bei aller Idylle ist in dieser Gegend
auch ein Anflug des neuen europäischen
Geistes spürbar. Das tschechische Liberec
und das polnische Bigatynia sind nicht
weit – man ist im Dreiländereck.

PARKHOTEL „ZUR ALTEN RODELBAHN"

Vorhänge, Leuchter, Sofa und Sessel sind in sanftes Grün getaucht, glücklich ergänzt durch sonnige Gelbtöne. Jedes Möbelstück ist mit Bedacht gewählt. Hier ein bisschen Gründerzeit, dort etwas Jugendstil. Bevor Wolfgang Roscher sich entschloss, in seiner Heimat ein eigenes Hotel zu führen, arbeitete er in Berliner Fünf-Sterne-Häusern in verantwortlicher Position. Hier in Oybin hat er nun auch die Küchenregie übernommen, mit dem Ziel, ein kleines Gourmetrestaurant zu schaffen, in dem der Hotelgast in Ruhe feines Ambiente und kulinarische Köstlichkeiten genießen kann. Dabei liegt seine Ausbildung zum Koch schon ziemlich lange zurück. Nun – er kann einfach kochen. Und wie! Dabei

PARKHOTEL „ZUR ALTEN RODELBAHN"

STRASSE DER JUGEND 4
02792 KURORT OYBIN

TELEFON   03 58 44 – 71 20
TELEFAX   03 58 44 – 7 12 19

GEÖFFNET: RESTAURANT TÄGLICH
AB 18 UHR

Der Kurort Oybin gilt als die „Perle des Zittauer Gebirges". Inmitten des Ortes erhebt sich der hohe Berg Oybin, auf dessen Gipfel ein Ruinenensemble aus Burg, Kaiserhaus und Klosterkirche thront, das schon Malern wie Carl Gustav Carus und Caspar David Friedrich stimmungsvolles Motiv wurde. Der bezaubernde Schauplatz der Geschichte inmitten urwüchsiger Natur war über Jahrhunderte beliebte Sommerfrische sächsischer Kurfürsten und Könige. Bis heute blieb Oybin ein Ferienort. So baute man 1907 ganz in der Nähe des Berges Oybin, mit schönem Blick auf die Ruinenanlage, auch das kleine Hotel „Zur Rodelbahn". 1995 erwarb Wolfgang Roscher gemeinsam mit seiner Frau Karin die Villa, nannte sie „Zur alten Rodelbahn" und sagte zur Architektin Eva Schäfer aus München: „Meine Lieblingsfarbe ist Grün". Ansonsten sollten die Räume einfach gemütliche Wohnzimmeratmosphäre ausstrahlen.

schaut er gerne in die Rezepturen der Sterneköche und zaubert Topfen- und Semmelknödel wie Witzigmann. Ansonsten aber ist gehobene deutsche Küche á la Roscher sein Programm und das absolviert er sehr kreativ. Immer wieder ändert er die Rezepturen. Seine Roulade von Lachs und Zander füllt er je nach Saison mit Spargel, Spinat oder

SCHWEINELENDCHEN MIT PARMA-
SCHINKEN IM SPINAT-KARTOFFEL-
MANTEL AUF SAHNELAUCH AN
TOMATEN IN BASILIKUMPESTO

Zutaten für 4 Personen

1 Schweinelendchen, Schweinenetz
Parmaschinken
200 g Blattspinat
500 g mehlige Kartoffeln
1 Stange Porree
10 Cocktailtomaten
3 Eigelb
50 g Mehl
5 cl Sahne
50 g Butter
Salz, Pfeffer, Muskat
Basilikum, Schnittlauch

Zutaten

Die Kartoffeln reiben und ausdrücken.
Eigelb und Mehl dazugeben. Mit Salz,
Pfeffer und Muskat würzen.
Die Spinatblätter blanchieren. Das
Schweinelendchen kurz anbraten und
mit Pfeffer würzen. Das Schweinenetz
mit der Kartoffelmasse bestreichen
und mit den Spinatblättern belegen.
Das Lendchen mit Schinken umhüllen
und in das Schweinenetz einwickeln.
Im Ofen bei 200 °C ca. 15 Min. braten.
Den Porree in Scheiben schneiden und
in Butter dünsten. Mit Sahne auffüllen und einkochen. Salz und Pfeffer
zugeben. Das Lendchen in Scheiben
schneiden und auf dem Porree anrichten. Die halbierten, in Butter kurz
angeschwenkten Tomaten auf dem
Teller verteilen und mit Basilikumpesto beträufeln. Mit Basilikum und
Schnittlauch dekorieren.

Langustenschwänzen. Zu den Spezialitäten des Hauses zählen auch die Schweinelendchen im Parmaschinken. Die Zunge lechzt und das Herz wird warm, wenn der Hirschbraten mit Rotweinzimtsoße Weihnachtsduft verströmt. Wolfgang Roscher pflegt auch mit Leidenschaft einen umfangreichen Weinkeller. Gern empfiehlt er sächsischen Wein, aber auch aus fast allen anderen deutschen Weinbauregionen und aus Frankreich hat er manch edlen Tropfen. Auch auf die Gefahr hin, letztlich die eine oder andere bacchantische Rarität etwas länger lagern zu müssen.

Das Erzgebirge ist ein Land in dem Kinderträume Wirklichkeit werden. Hier sind die Nussknacker, Engel, Bergmänner und Räuchermännchen zu Haus. Jedes Jahr zur Adventszeit, wenn sie aus Schachteln, Truhen und Schränken oder vom Dachboden geholt werden, legt sich ein Zauber über die kleinen Städte und Dörfer in den Bergen. Warm leuchten dann die Schwibbögen hinter den Fenstern, Pyramiden drehen sich im Kerzenschein, geschnitzte Krippen schmücken Kirchen und Wohnzimmer. Ein Land voller Licht und Liebe, das schon seit Jahrhunderten seine Weihnachtswunder selber bastelt. Not machte erfinderisch. Lange ist es her, dass Zinnvorkommen für reichlich Lohn und Brot im Lande sorgten. 1168 wurde bei Freiberg nach dem ersten Silber geschürft. Eine Zeit lang gehörte diese Region zu den wohlhabenden Gegenden in Deutschland, doch Mitte des 17. Jahrhunderts war der Traum vom „Silberland" ausgeträumt. Heute erinnern noch 25 Schaubergwerke an der touristisch erschlossenen „Silberstraße" zwischen Schneeberg, Annaberg-Buchholz, Marienberg und Freiberg daran, dass das Erzgebirge zu den ältesten deutschen Bergbaulandschaften gehört.

Als dann die Bodenschätze versiegten, zog bittere Armut in die Häuser der Bergarbeiter ein. Nun klöppelten die Frauen mit flinken Fingern Spitzenkragen und Tischdecken, die Männer begannen zu schnitzen. Holz gab es in den Bergen genug und bald trieben die kleinen Bäche hinterm Haus die Drechselbänke zahlloser kleiner Schnitzwerkstätten an. Aus dem Bergbaugebiet wurde ein Spielzeugland. An langen Winterabenden saß die ganze Familie mit Nachbarn und Freunden um den Ofen herum und schnitzte Männlein und Tiere. „Hutzengehn" nannte man diese geselligen Abende. Klöppeln und Schnitzen wurden zur Tradition, die noch heute das volkstümliche Gesicht des Erzgebirges prägt. 1850 wurden im Erzgebirge die ersten Holzbaukästen hergestellt. Etwa 1870 begann man mit der Produktion des pädagogisch wertvollen Fröbelspielzeugs.

Im Sinne dieses Lehrers, der in Selbsttätigkeit eine „heilige Urkraft" sah, werden in Neuhausen noch immer Spiele kreiert, die mehr das Geschick, die Ausdauer und Kreativität der Kinder schulen als jedes Computerspiel. Aber auch weniger didaktisch hintergründiges Spielzeug, wie Puppenhäuser und nostalgische Miniaturmöbel, lassen Kinderaugen leuchten. In DDR-Jahren wurde im Erzgebirge geschnitzt, was das Holz hergab. Die einzelnen Schnitzer waren in Produktionsgenossenschaften zusammengeschlossen, die ihre Produkte vornehmlich in den Westen verkauften. Rund eine halbe Million Nussknacker verließen damals die Betriebe in Olbernhau, das seit jeher Produktions- und Verlegerzentrum für das erzgebirgische Spielzeug war. Heute kann jeder, der das nötige Kleingeld besitzt, nicht nur den Schnitzern über die Schultern schauen, sondern gleich vor Ort seinen ganz persönlichen Nussknacker auswählen. In über 1 600 Handwerksbetrieben, mittelständischen Unternehmen und Genossenschaften wird erzgebirgische Holzkunst hergestellt. Schauwerkstätten aber auch zahlreiche Museen zeigen neues und altes Schnitzwerk. Das Schneeberger Museum für bergmännische Volkskunst besitzt die größte Sammlung von Weihnachts-Pyramiden. In Seiffen führen Handwerker die Herstellung der „Reifentiere" vor. Man kann sehen, wie mit dem Schitz-Eisen Rillen in rotierendes Rundholz gedreht werden, deren Sinn man zumeist erst erkennt, wenn das bearbeitete Holz in Scheiben geschnitten wird und die Konturen der Tiere frei gibt: winzige Pferdchen, Kamele, Kühe,

WEIHNACHTSLAND ERZGEBIRGE

Elefanten oder Schafe. Auch Span-
bäume, Spieldosen, Klingkästen und
Hampelmänner entstammen der
Seiffener Holzschnitztradition. Noch
heute ist die „Männlmacherei" in fast
jeder Stube des Spielzeugsdorfes zu
Hause. Geburtsort des Schwibbogens
aber ist inmitten des waldreichen
Westerzgebirges Johanngeorgenstadt.
1778 schnitzte der Bergschmied

Teller den ersten Lichterbogen dieser Art.
Seine Form erinnert an das sogenannte
Mundloch, den bogenförmig gemauerten
Stolleneingang, an dem einst die Bergleute,
wenn sie ihr Gebet verrichteten, ihre Gru-
benlampen aufhingen. Heute gilt der
Schwibbogen als Weihnachtssymbol für das
gesamte Erzgebirge.
Die Verbundenheit der Menschen im Erz-
gebirge mit ihrer vom Bergbau geprägten

Geschichte spürt der Reisende vor allem in
der Weihnachtszeit. Entlang der „Silberstraße" begeistern traditionelle Paraden
und Aufzüge der Bergbrüderschaften jährlich Tausende Besucher. Es gibt Bergpara-
den, Pyramidenfeste, Haldensingen und
Lichtelfeste. Nicht nur die Stuben und
Fenster werden festlich geschmückt, auch
Straßen und Plätze erstrahlen im Lichter-
glanz. Auf zahllosen Weihnachtsmärkten

leuchten meterhohe Schwibbögen, Pyramiden mit überlebensgroßen Figuren drehen sich zum Klang alter Weihnachtslieder. Auf dem „Auer Raachermannlmarkt" duftet es nach Glühwein und gebratenen Würstchen. Auf dem Stollenmarkt in Brand-Erbisdorf wird ein Stollen – „so lang wie eine Ofenbank" – angeschnitten. In Stollberg wird bald nach der Stollenparade der Stollenkönig gekrönt. Der ganze Weihnachtszauber beginnt am Vorabend des ersten Advent – nicht, wie bei uns in den Städten schon Wochen vorher. „Macht hoch die Tür, die Tor macht weit..." tönt es vom Turm der Schneeberger St. Wolfgangskirche. Nun werden die Lichter angezündet.

HOTEL RESTAURANT BÜTTNER

gelüste. Man kann heute jedes Produkt zu jeder Jahreszeit bekommen, aber ich koche gerne mit denen, die jeweils zu Sommer, Herbst und Winter gehören" sagt Meisterkoch Uwe Tögel und verrät damit schon ein Geheimnis seiner natürlichen und gleichsam finessenreichen Gourmetküche, deren Erfolg man auch an zwei vom Gault Millau verliehenen Kochmützen ablesen kann. „Bei seinen Saucen, Gemüsebeilagen, Fisch- und Fleischgerichten kommt man ins Schwärmen. Das mag auch daran liegen, dass er mit Balsamico, Honig, Trüffel, Safran, Senf, Käse experimentiert und neue geschmackliche Wege geht", heißt es in der Feinschmecker-Bibel. Uwe Tögel feiert den Frühling mit Spargel in Pfannkuchen, zur Sommerzeit gibt es Salat von Artischocken mit lauwarmen Lammzungen, der Herbst erfreut mit Rehrücken unter Haselnusskruste und das Jahr klingt aus bei Sauerkrautsüppchen mit Blutwurstravioli und Gänsebraten. Die Speisen werden auf feinem Porzellan serviert. Jedes Gericht ein kleines Kunstwerk. Edle Rotweine blinzeln dem Gast aus dem alten Weinschrank entgegen. Ein alter Dampfbackofen, Hommage an die Familie Büttner, die bis 1938 in diesem Haus eine

HOTEL RESTAURANT BÜTTNER

MARKT 3
08289 SCHNEEBERG

TELEFON   0 37 72 – 35 30
TELEFAX   0 37 72 – 35 32 00

GEÖFFNET: AB 18 UHR, SAMSTAG UND SONNTAG AUCH MITTAGSTISCH AB 11.30
RUHETAG: DIENSTAG

Der hölzerne Schwebeengel, Glücksbringer des barocken Hotels Büttner in der alten Bergstadt Schneeberg, hängt Sommer wie Winter unter dem Kreuzgewölbe. Doch ansonsten ignoriert hier niemand den Kalender. „Meine Küche lebt aus den Jahreszeiten und mit den Jahreszeiten. Ich finde, wir leben in einer Landschaft, in der die Natur sehr deutlich unseren Lebensrhythmus bestimmt und auch unsere Essens-

Zutaten für 8 Personen

Für den Mantel: 100 g weiße Kuvertüre, 150 ml flüssige Sahne, 8 Blatt Gelantine

Für die Mousse: 250 g dunkle Kuvertüre, 1/2 l geschlagene Sahne, 15 Eigelb, 150 g Zucker, 5-6 Blatt Gelantine für die Schokoladenmousse

Zubereitung

Die weiße Kuvertüre (Schokolade mit hohem Kakaobutteranteil) langsam in die Sahne schmelzen lassen. Die eingeweichte, aufgelöste und ausgedrückte Gelantine in diese warme Flüssigkeit geben. Dann die Masse auf ein passendes, mit Folie ausgelegtes Blech gießen und für ca. 20 Min. kalt stellen. Den Mantel passend für die Kastenform (Terrinenform) schneiden und mit der Folie an der Unterseite in die Form einlegen. Am besten eignet sich eine Form, die an der Unterseite rund ist.

Für die Mousse Eigelb und Zucker über dem Wasserbad schaumig schlagen. Die Zartbitterkuvertüre schmelzen und in die Eimasse geben. Gut verrühren! 5-6 Blatt eingeweichte, aufgelöste Gelantine hinzufügen. Wenn es zu fest wird, etwas flüssige Sahne hinzugeben. Sobald die Masse leicht erkaltet ist, die geschlagene Sahne vorsichtig unterziehen und in die mit weißem Schokoladengelee ausgekleidete Terrinenform geben. Den überstehenden Geleemantel oberhalb des Randes der Form abschneiden. Die Schokoladenterrine dann für ca. 2 Stunden in den Kühlschrank stellen.

Konditorei betrieb, ziert die gemütliche Stube. Im Innenhof gedeihen Weinstöcke, Hibiskus, Rhododendron und Flieder. Niemand ahnt mehr, mit wie viel Aufwand Birgit und Uwe Tögel Anfang der 1990er Jahre das damals schon lange leerstehende Haus sanierten. So stürzte beim Ausheben des heutigen Lager-Kellers der Bagger in zwei Meter Tiefe, ganz Schneeberg ist durch ein uraltes Stollensystem unterhöhlt. Doch 1996 konnten schließlich das Restaurant im Kreuzgewölbe und die „Alte Backstube" eröffnet werden. Im Keller lädt der „Silberstollen" zu bacchantischen Festen ein. Die guten Tropfen und das köstliche Essen verführen hier ebenso zum längeren Verweilen wie die Herzlichkeit der Wirtin und die hübschen Hotelzimmer.

ROMANTIK HOTEL „JAGDHAUS WALDIDYLL"

Terrasse. Auf die Hochzeitswiese haben junge Paare inzwischen etliche Bäumchen gepflanzt. Im romantischen Waldidyll wird nämlich liebend gern geheiratet. Für das Hartensteiner Kleinod verließen Mutter und Tochter das heimische Landshut, wo Frau Sellmair das Romantik Hotel „Fürstenhof geführt hat. Etwa drei Jahre dauerte es das idyllische, aber baufällige Bergarbeiterheim um und auszubauen. 1998 wurde auch das Wellness-Blockhaus mit Sauna, Whirpool und

ROMANTIK HOTEL „JAGDHAUS WALDIDYLL"

TALSTRASSE 1
08118 HARTENSTEIN

TELEFON   03 76 05 – 8 40
TELEFAX   03 76 05 – 8 44 44

GEÖFFNET: TÄGLICH AB 11.30 UHR

ohl jedes Hotel versucht mit klangvollen Worten Gäste zu locken, doch nicht immer spiegelt die Poesie des Namens auch die Realität. Ganz anders in Hartenstein. Das „Jagdhaus Waldidyll" ist ein schiefergedecktes Haus mitten im Wald. Wie erwartet, gibt es außer Vogelgezwitscher und das Raunen des Windes nur wenig Geräusche. Vielleicht noch das Knistern des Kaminfeuers im Foyer. Dicke, eigens für das Haus gewebte Teppiche in „Nussknackerfaben" dämpfen den Schritt. Rot, Grün und Gelb sind auch die Farbtöne der großblumigen Vorhänge an den Fenstern. Das ganze Haus durchwebt neuenglische Country-Gemütlichkeit. Man spürt den sicheren Geschmack von Hertha Sellmair, einer erfahrenen Gastronomin aus Bayern. Gemeinsam mit ihrer Tochter Andrea modelte sie Haus und Park des einstigen Ferienheims „Aktionseinheit" in ein märchenhaftes Anwesen um. Riesige Rhododendren blühen vor der

des Erholungsheimes verschenkt hatte. Nach erlebnisreichen Tagen mit Kutsch- oder Pferdeschlittenfahrten, nach Wanderungen oder einem Gang durch das Kneipp-Fuß-becken mitten im Wald, kann man sich im Restaurant verwöhnen lassen. Galant reicht der Kellner die Karte. Die Auswahl ist überwältigend. Und dass die Qualität nicht hinter der Quantität hinterherhinkt, dafür sorgt am Herd Bert Beuthan. Deftige „Arzgebirgs-brotzeit" und regionale Gerichte werden hier ebenso gekonnt zubereitet wie internationale Küche und exklusive Menüs. Man schmeckt es, hier kocht jemand mit Gefühl und Geschick. „Aus Omas Kochtopf" stammen heimatlich orientierte und doch wunderbar verfeinerte Speisen wie der in eigener Soße gesottene Wildschweinbraten, so zart wie auch die erzgebirgische Rinder-roulade in dunkler Senfsoße. Auch die Weinkarte ist umfangreich und wohl sortiert – ein gelungenes Werk von Andrea Kahl. Im Weinkeller lagern an die 100 verschiedenen Sorten.

Fitnessraum eingeweiht. Fürst von Schönburg-Hartenstein wäre entzückt über die Veränderungen am Haus in seinem ehemaligen Jagdrevier, das er 1934 für den Bau

GEBEIZTE HIRSCHKEULE

Zutaten für 10 Personen

1 kg Fleisch, 15 g Nitrit-Pökel-Salz, 6 g Kochsalz, 3 g gemahlener Pfeffer, 2 g Lorbeer, 2 g Rosmarin, 2 g gemahlener Senf, 2 g Thymian, 3 g Zucker, 80 g Senf

Zubereitung

Sämtliche Zutaten in den Mixer geben und pürieren. Die Hirschkeule mit der Beize einreiben, in Tücherschlagen und ca. 7 Tage im Kühlschrank lagern. Danach auspacken und abwaschen. Anschließend einfrosten und zum Verzehr in hauchdünne Scheiben schneiden.

Cumberland-Soße

Zutaten

2 Orangen, 2 Zitronen, 0,1 l Kochwein rot, 0,2 l Portwein, rot, 6 g Senfpulver, 0,5 kg Johannisbeergelee, 30 g frischer Meerrettich, 10 g frischer Ingwer

Zubereitung

Zitronen und Orangen heiß waschen und trocken reiben. Fein abreiben und Zesten in feine Streifchen schneiden. Zestenstreifen blanchieren und in Rotwein weich kochen. Orangen und Zitronen auspressen. Meerrettich und Ingwerschälen und fein reiben. Orangen- und Zitronensaft um Johannisbeergelee geben. Senfpulver im Portwein anrühren und ebenfalls beigeben. Rotwein mit Zesten, Meerrettich und Ingwer dazugeben. Alles gut miteinander verrühren, abschmecken und kalt stellen.
Die Cumberland-Soße eignet sich gut zu kalten Wild- und Geflügelgerichten sowie zu Fleischpasteten und Terrinen.

COUNTRY INN BY CARLSON

mildes sächsisches Waldpilzsüppchen mit frischen Kräutern oder eine chilischarfe Albondigas Soup mit Fleischbällchen – die von Küchenchef Uwe Meyer verwendeten Produkte sind ausgesucht. Gerne greift er auf deutschlandweit eingeführte Spezialitäten wie Kieler Sprotten, Teltower Rübchen oder Spreewälder Gurken zurück. Natürlich kommt auch der wunderbare Rohmilchkäse von der „Nachbarin" Siegrid Köhler auf den Tisch. Mit einem „Quick-Business-Menu" hat man sich außerdem auf den eiligen Gast eingestellt.

Entspannung nach langen Seminaren findet der gestresste Geschäftsmann am Ende des Tages in der Sauna. Natürlich können Firmen im Country Inn By Carlson auch feiern – u.a. bei leckeren Büfetts wie dem Erzgebirgischen mit frischen Wurstspezialitäten, geräucherter Forelle und Kartoffelkuchen oder beim „San Francisco Menü".

Auf dem Bauernhof von Siegrid Köhler kann jeder erleben, was rauskommt, wenn Landwirtschaft noch ein Stück wie früher betrieben wird. Rund Hundert Rindviecher beleben den modernen Milchviehbetrieb. Und viele Leute, Kinder, Jugendliche und Rentner kommen, zu schauen. Dabei dreht sich alles um Käse. Der leckere, runde

COUNTRY INN BY CARLSON

AM BERG 5
09232 HARTMANNSDORF/CHEMNITZ

TELEFON   0 37 22 – 40 50
TELEFAX   0 37 22 – 40 54 05

GEÖFFNET: TÄGLICH VOM FRÜHSTÜCK AB 6 UHR, WOCHENENDE AB 7 UHR, BIS 14.30 UHR UND VON 17-22.30 UHR

Dem Haus ist äußerlich nicht sofort anzusehen, womit es innen dann jeden Gast überrascht: Außen schlichter Neubau, im Innern amerikanisches Landhaus. Karierte Ohrensessel, ein künstlicher Kamin und unkomplizierte Freundlichkeit verbreiten Wohlbehagen. Dazu eine verführerische Speisekarte mit deutschen und amerikanischen Gerichten: Dresdner Sauerbraten und Hartmannsdorfer Senfrostbraten vertreten die heimische Küche, Marinated Country Pork Steak, ein herzhaft mariniertes Schweinenackensteak, und Grilled Catfish, ein feines Welsfilet, stehen für Amerika. Ob

Köhler-Käse entsteht in einem, von einer Wasserader durchzogenen kühlen Keller bei günstig hoher Luftfeuchtigkeit aus kuhwarmer Milch. Ohne chemische Zusätze. Die Milchbakterien, das Lab, ein Ferment aus dem Kälbermagen, leisten hier ganze Arbeit. Nur ein wenig Salz hilft dem Käse, eine essbare Rinde zu bilden. Andere Gewürze verwendet Siegrid Köhler nicht mehr, denn auch die könnten chemisch belastet sein.

Nun spürt man auf der Zunge den reinen zarten Schmelz eines naturbelassenen Rohmilchkäses.
Für ihre Käseseminare darf Frau Köhler an

die 1000 Liter Milch im Jahr verarbeiten. Doch die Nachfrage ist größer als die Anzahl der Käse. Man sollte vorbestellen. Es geht hier auch nicht um Massenproduktion, Köhler-Käse wird immer etwas Besonderes sein. Vier Jahre hat Siegrid Köhler gebraucht, um die Geheimnisse der herkömmlichen Rohmilchkäseerzeugung zu erforschen. Viele, die sie danach fragte, machten ein Geheimnis daraus. Nun aber hat sie mit Kenntnis und Fingerspitzengefühl die perfekte Rezeptur entwickelt. Sie macht daraus kein Geheimnis, im Gegenteil, Bewahren und Weitergeben von Wissen ist ihre Mission.

SCHWEINEFILETROULADE, GEFÜLLT MIT WINKLER ROHMILCHKÄSE

Zutaten für 4 Personen

2 Schweinefilet, 100 g Rohmilchkäse, 2 Knoblauchzehen, 4 EL gehackte Küchenkräuter, 2 EL grobkörniger Senf, 50 g Bratfett, 0,2 l braune Soße mit Cognac, 8 mittlere Tomaten, 1 EL Butter, 1 Broccoli, 100 g Frischkäse, 0,1 l Vollrahm, 4 große Kartoffeln, 200 grob geraspelten Hartkäse, 2 Eier, 50 g Butter, Salz und Pfeffer

Zubereitung

Das Filet flach aufschneiden und plattieren, mit Salz und Pfeffer würzen, mit Knoblauch einreiben, den in dünne Scheiben geschnittenen Rohmilchkäse darauf verteilen und mit der Hälfte der Kräuter bestreuen. Das Fleisch zu einer Roulade einrollen, von außen mit dem grobförmigen Senf bestreichen und in heißem Fett rasch anbraten und ca. 15-20 Min. bei 180° im Ofen fertig garen.
Die Tomaten in kochendem Wasser einige Sekunden überbrühen, Haut abziehen, vierteln, das Kerngehäuse entfernen und das Fruchtfleisch würfeln. Die Butter in einer Kasserolle schmelzen, Tomatenwürfel und ein Viertel der Kräuter dazugeben, mit Salz und Pfeffer würzen und alles kurz anschwitzen.
Den Broccoli putzen, in kleine Röschen zerteilen und in leicht gesalzenem Wasser bissfest kochen. Den Vollrahm erhitzen und den Frischkäse darin auflösen, mit salz und weißem Pfeffer abschmecken.
Geschälte Kartoffeln grob reiben. Den Rest der Kräuter, die Hälfte des Hartkäses und die Eier dazugeben, die Reibekuchenmasse würzen und in heißem Fett knusprig braun backen. Die Reibekuchen mit dem restlichen Käse bestreuen und im Grill kurz gratinieren.

HOTEL SCHWANEFELD

sten, sind längst vorbei. Der neue Besitzer Andreas Barth hat aus dem historischen Gasthaus ein modernes Tagungshotel mit viel nostalgischem Flair gemacht. Der Bäckermeister und Gastronom erwarb 1989 den Gasthof und erweiterte ihn peu a peu um 50 Zimmer und fünf Tagungsräume. Chefkoch René Zimmermann kocht so, wie man es an dieser Stelle auch erwartet, rustikale sächsische und thüringische Gerichte. Die Leute kommen von weither, um die Sächsische Spezialitätenpfanne mit Rostbratwürschtl, Geflügelleber, Räucherspeck und einem „Bersch Bradgardoffel" (Berg Bratkartoffeln) zu essen. Für ganz Hungrige hat der Koch noch ein Sächsisches Sauerkrautsüppchen mit Blutwurströsteln parat. Ein deftiger Schmaus ist auch die hausgemachte Rindroulade mit Pilzsoße, Apfelrotkohl und Thüringer Klößen. Das Beefsteak Tatar wird ganz nach Belieben mild, medium oder feurig mit Sardellenfilets und Kapern, auf Wunsch mit Cognac, direkt am Tisch zubereitet. Wer es etwas leichter mag, dem serviert man gerne Gerichte von fangfrischen Karpfen und Forellen aus den nahen Ponitzer Teichen. Und zum Nachtisch dampfen hausgemachte Apfelstrudel zu Vanilleeis und Sahne; Williamsbirnen brennen auf den Tellern. Eine vielfältige Karte

Dieses hübsche über 300 Jahre alte Fachwerkhaus war einst eine sächsisch-thüringische Zollstation. Noch heute geht die Landesgrenze mitten durch das Gebäude. Hier suchten einst Händler auf dem Weg zur Leipziger Messe Schutz vor schlechtem Wetter und haben dabei manch geselligen Abend verbracht. In der „Kutscherstube" würfelte und trank das einfache Volk, gegenüber im Restaurant saßen die Edelleute. 1830 wurde das Gasthaus eine Pferdewechselstation für die Eilpost Leipzig-Hof-Nürnberg. Nur mit dem damaligen Namen „Zu den drei Schwanen" war die sächsische Regierung nicht einverstanden, so hat das Oberpostamt zu Leipzig die Bezeichnung „Schwanenfeld" in Antrag gebracht. Auch als ab 1858 die Dampfrösser der neuen Eisenbahnlinie den Pferden die Arbeit abnahmen, blieb der Gasthof den Einheimischen und Durchreisenden beliebte Einkehrstation. Seit 1925 klopft hier der Meeraner Skatclub die Karten, doch die Zeiten, in denen sich die Männer die Kohlen und den Schnaps selbst mitbringen mus-

HOTEL SCHWANEFELD

SCHWANEFELDER STRASSE 22
08393 MEERANE

TELEFON   0 37 64 – 40 50
TELEFAX   0 37 64 – 40 56 06

GEÖFFNET: TÄGLICH 6-24 UHR

mit Gerichten für kleine und größere Geldbeutel. Mit anspruchsvollen Caterings, u.a.
für Bundeskanzler Schröder und Sänger
Joe Cocker, wuchs das Haus längst über
sich selbst hinaus.

ROULADE VON DER KALBSSCHULTER
GEFÜLLT MIT BLATTSPINAT UND BLUTWURST
AUF BUNTER PFEFFERSOSSE AN KÜMMEL-
RAHMSAUERKRAUT UND SÄCHSISCHEN
KRÄUTERQUARKKEULCHEN

Zutaten für 4 Personen

Für die Kalbsschulter:

4 dünn geschnittene Scheiben Kalbsschulter
á 120 g, 200 g Blattspinat, 100 g mittelschar-
fer Senf, 200 g Schweinenetz, 1 großer
Blutwurstring, Salz und Pfeffer

Für das Kümmelrahmsauerkraut:

120 g rohes Sauerkraut, 20 g Speck, 20 g
weiße kleine Schalotten, 0,1 l Rahm (35%),
Kümmel nach Geschmack, Salz und Pfeffer

Für die Quarkkeulchen:

100 g Quark, 125 g Kartoffel, 1 Ei
10 g gehackte Zwiebel
5 g fein gehackter Räucherspeck
Dill, Schnittlauch, Petersilie
Salz, Muskat, weißer Pfeffer

Für die Pfeffersoße:

0,4 l Demi Glace, je 5 g rot, grüne und
schwarze Pfefferkörner, Salz, Weißwein nach Geschmack

Auf die geklopften, mit Salz und Pfeffer gewürzten Kalbsfleischscheiben
den Senf verteilen und großzügig
Blattspinat auflegen. Auf die ganze
Fläche Blutwurst legen und alles zu
einer Roulade zusammenrollen. Die
Rouladen in Schweinenetz wickeln
und in Butterschmalz von allen Seiten
kräftig anbraten. Danach für ca. 20
Min. bei 150 °C Ober- und Unterhitze
fertig garen.

Das Sauerkraut mit dem Rahm bissfest
kochen. Den Speck in kleine Würfel
schneiden und in einer Pfanne auslassen. Die Schalotten in feine Streifen
Schneiden und zu dem Speck geben,
anschwitzen. Das Ganze schließlich
in dem Topf mit dem Sauerkraut
geben und mit Kümmel und Pfeffer
abschmecken.

Die gekochten Kartoffeln schälen und
durch eine Kartoffelpresse drücken.
Quark, Kräuter, gebratenen Räucherspeck, glacierte Zwiebel und das Ei
zur geschmeidigen Masse verrühren.
Salz und Muskatnuss zugeben und aus
dem Teig eine Rolle formen und 10 cm
lange Stücke abschneiden. Nun die
Quarkkeulchen in Butter bei geringer
Hitze vorsichtig braten.

Für die Soße die Demi Glace in einem
kleinen Topf aufkochen, die Pfeffer-
mischung zugeben und so lange kochen, bis die Körner weich sind und
die Soße auf die Hälfte reduziert ist.
Mit Salz und Weißwein abschmecken.
Dazu servieren wir glaciertes junges
Gemüse und Kartoffelklöße.

TÖPFERHAUS ARNOLD

Drehscheibe, geschickte Hände zaubern aus dem eben noch unansehnlichen Tonklumpen Vasen, Krüge, Milchtöpfe, Teekannen, Leuchter, eben alles, was man in einem Haushalt so braucht. Nur saßen früher Männer an den rotierenden Scheiben, heute ist das Töpferhaus Arnold eine reine „Weiberwirtschaft". Frauenpower hat den Betrieb über die Wende gebracht. Kohrens Blütezeit als Töpferstadt war im 18. Jahrhundert,

zeitweise gab es 14 Töpfereien in dem kleinen Bergstädtchen. Anfang des 20. Jahrhunderts, mit der Einführung von Emaille- und Aluminiumgeschirr, ging die Zahl der

TÖPFERHAUS ARNOLD

BURGGASSE 9
04655 KOHREN-SALIS

TELEFON   03 43 44 – 6 13 25
TELEFAX   03 43 44 – 6 13 96

GEÖFFNET: MONTAG BIS FREITAG
9-17 UHR
SAMSTAG UND SONNTAG 10-12 UND
13-16 UHR

„Vorsicht, zerbrechlich", ruft die junge Frau und balanciert eine langes Brett voll irdener Schalen und Krüge durch den schmalen Flur der Töpferei. Eng ist es hier, schließlich ist das ein altes Haus, seit 450 Jahren wird hier getöpfert. Wie einst steht Drehscheibe hinter

lange Zeit das Aus der Familientradition. Die Werkstatt wurde als VEB Kunsttöpferei weitergeführt. Die heiß begehrten blau-weißen Töpferwaren reichten nicht aus, alle Wünsche danach zu befriedigen. Nach dem Ende der DDR versuchten die Töpferinnen den Betrieb zu retten. Sie suchten Beistand bei Christine Ruf, Tochter und Erbin Rudolf Arnolds, die in Stuttgart als Gemeindediakonin lebt. Verpflichtung gegenüber der Familientradition und Frauensolidarität rettete schließlich diese letzte lebendige Hochburg Kohrener Töpferkultur.

Heute kann man den 13 Töpferinnen beim Drehen, Henkeln, Glasieren und Malen zuschauen. Sie sind zwischen 22 und 60 Jahre alt – eine gut eingespielte „Familie". Jede hat ihre Vorliebe und Qualitäten. Die eine dreht mit Leidenschaft Gefäße, eine andere montiert Tüllen, die nächste die Henkel an Kannen und Tassen. Wenn Töpfermeisterin Karina Werner nicht an der Drehscheibe sitzt, führt sie die Geschäfte. Ihrer Vertreterin, Heidi Steglich, bemalt mit Hingabe die Gefäße. Mit einem Malbällchen tupft sie weiße Punkte auf blaue Engobe: große Punkte, kleine Punkte, Doppelkante,

Zackelkante, Blumendekor. In den Regalen des Werkstattladens stapeln sich die wunderschönen blauweißen Gefäße, die in jedem Raum bäuerliche Behaglichkeit verbreiten. Daneben stehen ganze Service im braun- und gelbfarbenen Löffelmuster, dem noch heute bekannten ältesten Kohrener Dekor. Das Kornblumenmuster, blaue oder braune Blumen auf gelben Grund, wurde bereits in den 1920er Jahren von Max Arnold eingeführt. Jüngste Kreation ist das geheimnisvoll in Braun- und Rottönen changierende Licht- und Schattendekor. Die Wahl unter den vielfältigen Zier- und Gebrauchsgefäßen wird zur Qual. Selbst Lampenschirme, Uhren, Schneemänner, Handglöckchen und Honigtöpfe, Windlichter und Weihnachtskugeln sind hier aus Ton. Auch Straßen- und Hausnummernschilder, so wie man sie im ganzen Ort sieht, kann man sich anfertigen lassen. Renner aber ist das Hackepeterschwein. Wer bislang nicht wusste, was in seinem Haushalt noch fehlte, hier findet er es bestimmt. Übrigens nicht nur im Töpferhaus Arnold, immer wieder trifft man auf Kohrener Keramik auf den Töpfermärkten Sachsens und darüber hinaus.

Werkstätten zurück. In dieser schwierigen Situation hatte Max Arnold 1920 eine der letzten drei Töpfereien in Kohren übernommen, die schließlich als einzige der alten Kohrener Töpferwerkstätten überlebte. Nicht zuletzt, weil er die Zeichen der Zeit erkannt und sein Haus den Fremden geöffnet hatte, die diesen hübschen Ort ohnehin gern besuchten, um den alten Töpferbrunnen auf dem Marktplatz spazierten und von hier aus in das Landschaftsschutzgebiet „Kohrener Land" wanderten. 1948 übernahm der Sohn Rudolf das Geschäft. Der Tradition bewusst, sammelte er alte Töpferwaren, die heute zum Teil im Töpfermuseum nur wenige Häuser weiter zu sehen sind. Als der Betrieb verstaatlicht werden sollte, verließ Rudolf Arnold 1960 das Land. Das bedeutete für

DÖRNTHALER ÖLMÜHLE

DÖRNTHALER ÖLMÜHLE

HAUPTSTRASSE 47
09526 PFAFFRODA-DÖRNTHAL

TELEFON   03 73 60 – 61 92
TELEFAX   03 73 60 – 6 00 83

GEÖFFNET:
MONTAG BIS FREITAG 7 - 16.30 UHR
SAMSTAG UND SONNTAG NACH
VEREINBARUNG.

Nussig muss es schmecken und nicht bitter, dann könnte es das Leinöl aus der Ölmühle von Christl Braun sein. Schon in der dritten Generation betreibt die Ölmüllerin den Familienbetrieb, in dem jährlich etwa 120 bis 150 Tonnen Öl aus kanadischer Leinensaat gepresst werden. Es ist die letzte von einst elf Öl- und Getreidemühlen, die seit dem 16. Jahrhundert entlang des Dorfbaches das Bild des kleinen Erzgebirgsortes prägten. 1934 kaufte der Großvater das malerische Anwesen mit dem 250 Jahre alten Fachwerkhaus. Er modernisierte die

Mühle, baute einen Stauteich und ersetzte das Wasserrad durch eine Turbine. Als nach dem Krieg das große Mühlensterben begann, überlebte die „Braun-Mühle", wiederum technisch erneuert, als privater Handwerksbetrieb. Für die junge Ölmüllerin, die sich schon mit 22 Jahren, nach dem frühen Tod der Eltern, die Leitung übernahm, eine schwierige Aufgabe. Als mit der Wende der Leinölmarkt für die Farben- und Margarine-

industrie zusammenbrach, konzentrierte sie sich auf die alte erzgebirgische Tradition der Herstellung von kaltgepresstem Leinöl. Heute steht die Ölmühle, die zu den ältesten noch produzierenden in Deutschland zählt, unter Denkmalschutz. Doch das Öl ist so frisch, wie man es selten zu kaufen bekommt. Das gesunde Fett voller Vitamine, Linolsäure und ungesättigter Fettsäuren wird in dunkle Glasfläschchen gefüllt. Man kann es unter der Bezeichnung „Kunella" und „Brändle kaltgepresstes Leinöl" u.a. im Kaufland oder direkt bei der Müllerin kaufen und dabei auch gleich einen Blick in das Innere der Mühle tun. Auch hat die Müllerin so manches Leinölrezept parat. Generell gilt: „Hab Sonne im Herzen, hab Leinöl im Bauch. Da kriegste keine Schmerzen und Luft haste auch."

RESTAURANT BRAUNMÜHLE

RESTAURANT BRAUNMÜHLE

HAUPTSTRASSE 55
09526 PFAFFRODA-DÖRNTHAL

TELEFON   03 73 60 – 62 50
TELEFAX   03 73 60 – 7 91 80

GEÖFFNET: MITTWOCH BIS SONNTAG
11-22 UHR
RUHETAGE MONTAG UND DIENSTAG

Wie lecker Leinöl in Leinöl-Klitscher und Buttermilch-getzen schmeckt, kann man nur wenige Schritte weiter in der Braunmühle Dörnthal, einer ehemaligen Getreidemühle, ausprobieren. Sie wissen nicht, was Klitscher und Getzen sind? Gunter Braun, der Bruder der Ölmüllerin, wird Ihnen gerne einige, aber nicht alle Geheimnisse der urerzgebirgischen Küche verraten. Zunächst aber müssen noch die Brote in den Backofen geschoben werden. Bald durchzieht köstlicher Duft den alten Mühlenraum, der mit etlichen Relikten der noch bis in das Jahr 2000 aktiven Mühle so gemütlich ist. In den Fußboden ist ein alter Mühlstein eingelassen. Ein Elevator, der einst zum Transport von Saatgut diente, macht sich heute als Raumteiler nützlich. Durch den Nachbarraum fließt ein kleiner Mühlbach über ein Minimühlrad, draußen vor dem Fenster dreht sich dekorativ ein großes Mühlenrad. Auf dem Tresen, teils ausgedienter Mühlstein, teils alte Werkbank des Großvaters, warten in handgetöpferten Tonpfannen die Buttermilchgetzen, dass sie in den Holzbrand-Ofen kommen. Goldgelb regen die aus rohen geriebenen Kartoffeln, Buttermilch, Kümmel, Knoblauch, Speck und Leinöl gefertigten Getzen schon jetzt

den Appetit an. Die Erzgebirgischen Leinöl-klitscher erweisen sich als herzhafte Kartoffelpuffer, mancherorts auch Plinsen genannt, die mit Kümmel und Zwiebel gewürzt, in reichlich Leinöl knusprig gebraten und mit Apfelmus und Zucker serviert werden. Der kulinarische Klassiker aber ist das einstige Essen der armen Leute: Kartoffeln mit Zwiebelquark und Leinöl, für besonders Hungrige vom Wirt mit Blut-

wurst, Leberwurst und Butter deftig aufgepeppt. Wer Appetit auf Fleisch hat, bekommt zum Schweinesteak Leinölbritscheln, auch Bratkartoffeln genannt. Die Mühlenschnitzel werden in einer Leinsamenpanade verpackt. Rundum ist ein Besuch der Braun Mühle Dörnthal ein echt erzgebirgisches Erlebnis.

RELAXHOTEL SACHSENBAUDE

RELAXHOTEL SACHSENBAUDE

FICHTELBERGSTRASSE 4
09484 KURORT OBERWIESENTHAL

TELEFON   03 73 48 – 13 90
TELEFAX   03 73 48 – 13 91 40

GEÖFFNET: TÄGLICH DAS GANZE JAHR ÜBER
AB 11 UHR.

Der Kurort Oberwiesenthal ist die höchstgelegene Stadt Deutschlands. Das Relaxhotel Sachsenbaude liegt sogar noch ein Stück höher. Fast 1200 Meter hoch, abseits von Straße und Ort. Ringsum nur Wald und Wiesen - im Winter schneebedeckt, im Sommer voller Blumen. Es duftet nach Urlaub. Die Sachsenbaude, schon Anfang des 20. Jahrhunderts als Berghotel erbaut und Ende der 1990er Jahre vollständig saniert und umgebaut zum Komforthotel der höchsten Kategorie, ist ein idealer Ferienort für Groß und Klein. Waldige Wanderwege und Loipen verschiedenster Schwierigkeitsgrade beginnen gleich vor der Haustür. Im Winter gibt es sogar einen hoteleigenen Rodelhügel, der Tennisplatz verwandelt sich dann in eine Eislaufbahn. Bei so viel Bewegung an frischer Luft packt jeden irgendwann der große Hunger. Nun tritt Küchenchef Jörn Stolba auf den Plan. Der gebürtige Sachse kombiniert erzgebirgische Küche mit den Ansprüchen der heuti-

gen Zeit an Weltoffenheit. So kann man zwischen einem Süppchen von roten Linsen, Wurzelgemüse und Kokosmilch oder erzgebirgischer Schwammesupp wählen. Wer es asiatisch mag, der sollte auch die mit Rosinenreis gefüllten gebratenen Weißkohlblätter probieren. Lust auf deftig heimische Speisen? Da hilft saftiges Rindersteak oder knuspriger Gänsebraten nach Omas Art. Auch die Karte der „Erzgebirgischen Spezialitäten" beispielsweise mit Annaberger Kirmesbraten (Sauerbraten), Ragout von Oberwiesenthaler Hirschen nach böhmischer Art (Tschechien liegt in Blicknähe) und Erzgebirgsforelle auf Zitronen-Kapernbutter stillt Heißhunger auf verfeinerte bodenständige Gerichte. Zum Abschluss wäre eine Creme von Bärensteiner Kornbrot und Johannisbeeren genau das Richtige. Mit frischen Salaten und fleischlosen Gerichten stellt sich der Küchenchef aber auch auf all jene ein, die das umfangreiche Wellnessangebot des Hotels mit einen entsprechenden Ernährungsprogramm ergänzen wollen. Ob im Schwimmbad, Whirlpool und Sauna oder beim Speisen in den Restaurants „Blaustern" und „Loipenklause" oder im sonnigen Wintergarten – Genießen wird hier groß geschrieben. Eltern können sich im Relaxhotel

SCHWEINSFILET GEFÜLLT MIT REITZENHAINER SHIITAKE- PILZEN, ERZGEBIRGISCHES LINSENGEMÜSE MIT BACKPFLAUMEN, MILDE ESSIGSOSSE UND SÄCHSISCHE QUARK-KEULCHEN

Zutaten für 4 Personen

Schweinsfilet:

4x150 g pariertes Schweinsfilet
Butterschmalz, 1 TL Butter
1 EL Zwiebeln, feingehackt
200 g Shiitake-Pilze
je 1 EL Schnittlauchröllchen und gehackte Petersilie

Erzgebirgisches Linsengemüse

2 EL Bauchspeck
2 EL Zwiebeln, 1 EL Möhren
1 EL Sellerie, 1 EL Lauch
alles fein gewürfelt

Sachsenbaude viel Zeit lassen. Nachdem sich die Kids aus der Kinderkarte bedient haben, lockt eine bunte Spielecke. Betreut von einer Kindergärtnerin bietet auch das Spielzimmer ein umfangreiches Programm.

200 g Linsen
150 g Backpflaumen, feingewürfelt
0,3 l Gemüsebrühe
dunkler Balsamico-Essig, Zucker, Salz und Pfeffer

Quarkkeulchen

300 g gekochte Kartoffeln
150 g Quark, 1 Ei
Salz, Pfeffer, Muskat, Prise Zucker
Gries, 150 g Semmelbrösel
150 g gehackte Mandeln
Butterschmalz zum Braten
Schweinsfilet

Zubereitung

Zwiebeln und Shiitake-Pilze in Butter anschwitzen, würzen mit Salz und Pfeffer,Kräuter unterheben und abkühlen lassen.
In die Schweinsfiletstücke an einem Ende mit einem schmalen Messer eine Tasche einschneiden und mit der Pilzfarce füllen.
Würzen, im Butterschmalz anbraten und im Ofen bei 160°C ca. 10 Min. saftig fertig garen. Warm halten.
Erzgebirgisches Linsengemüse mit Backpflaumen:
Bauchspeck auslassen und alle anderen Zutaten darin anschwitzen. Mit Brühe auffüllen und mit leichtem Biss weich kochen. Mit Balsamico süß sauer abschmecken und würzen.
Quarkkeulchen:
Quark auf einem Tuch abtropfen lassen, gekochte, noch warme Kartoffeln durchpressen, Quark und das Ei hinzufügen, herzhaft abschmecken und mit Gries zu einem festen, griffigen, Teig verarbeiten.
16 kleine Keulchen formen, Semmelbrösel und Mandel vermischen, die Keulchen darin wälzen und im Butterschmalz knusprig braten.
Wir reichen dazu eine milde Balsamicosauce.

KULINARISCHE EMPFEHLUNGEN

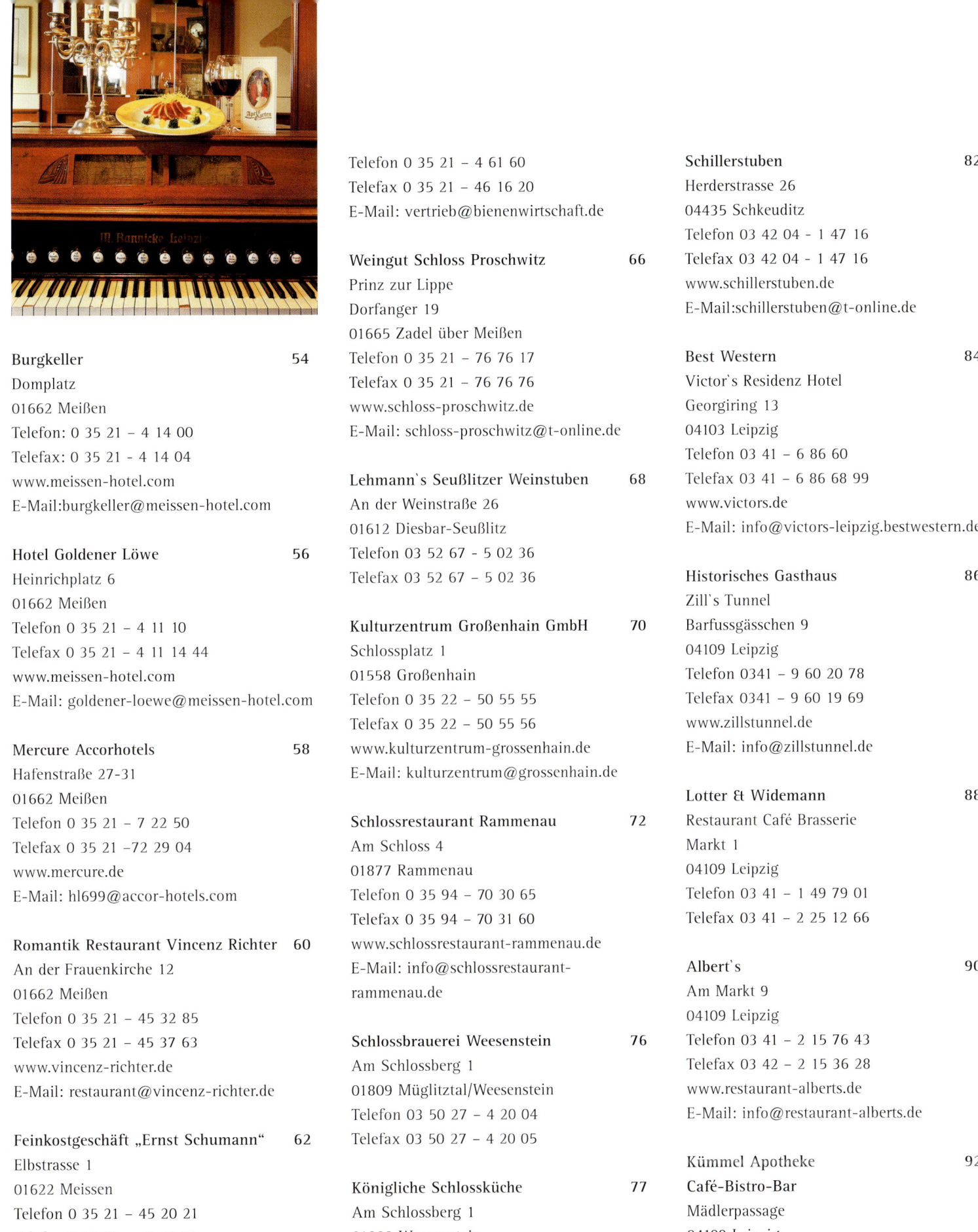

KULINARISCHE EMPFEHLUNGEN

Verzeichnis der Rezepte

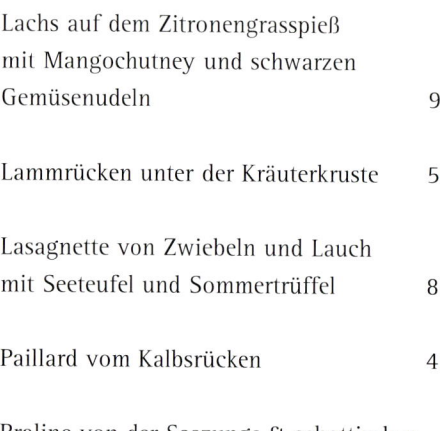

ISBN 3-8295-7305-7

ISBN 3-8295-6402-3

ISBN 3-8295-7309-X

ISBN 3-8295-7301-4

ISBN 3-8295-7310-3

ISBN 3-8295-6413-9

ISBN 3-8295-6418-X

ISBN 3-8295-6416-3

ISBN 3-8295-6417-1

ISBN 3-8295-6415-5

ISBN 3-8295-6424-4

ISBN 3-8295-6423-6

ISBN 3-8295-6412-0

ISBN 3-8295-6410-4

ISBN 3-8295-7303-0

ISBN 3-8295-7302-2

ISBN 3-8295-6420-1

ISBN 3-8295-6421-X

ISBN 3-8295-7308-1

ISBN 3-8295-7304-9

ISBN 3-8295-6419-8

ISBN 3-86528-300-4

Angaben für alle Titel:
Hardcover – 24 x 30 cm – Fadenheftung –
ca. 160 Seiten – ca. 300 Farbfotos – 1 Karte.

Alle Titel erhalten Sie bei Ihrer örtlichen Buchhandlung. Für weitere Informationen über unsere Reihe wenden Sie sich direkt an den Verlag:

Neuer Umschau Buchverlag
Maximilianstraße 35
67433 Neustadt/Weinstraße
Telefon 0 63 21/877-852
Telefax 0 63 21/877-859
e-mail: info@umschau-buchverlag.de
www.umschau-buchverlag.de

IMPRESSUM

© 2003 Neuer Umschau Buchverlag GmbH,
Neustadt an der Weinstraße
© 2004 neuer unveränderter Nachdruck

Gestaltung, Satz
juhu media, Susanne Dölz, Bad Vilbel

Reproduktionen
lithotronic media, Frankfurt

Fotos
Angela Liebich, Leipzig

Texte
Hann Bahra, Potsdam

Karte
Elsner & Schichor, Karlsruhe

Herausgeberin
Katharina Többen, Neckargemünd

Druck und Verarbeitung
Mediaprint, Paderborn

Printed in Germany
ISBN 3-8295-6419-8

Die Ratschläge in diesem Buch sind vom Autor und dem
Verlag sorgfältig erwogen und geprüft, dennoch kann
eine Garantie nicht übernommen werden. Eine Haftung
der Autoren und des Verlages für Personen-, Sach- und
Vermögensschäden ist ausgeschlossen.

Sofern nicht anders angegeben sind die Rezepte für vier
Personen vorgesehen.

Besuchen Sie uns im Internet
www.umschau-buchverlag.de

Titelfotografie

Roulade von der KLalbsschulter gefüllt mit Blattspinat und
Blutwurst, Hotel Schwanefeld